LANDSCHAFTEN
EINER FERNEN MUTTER

SAID

LANDSCHAFTEN EINER FERNEN MUTTER

VERLAG C.H.BECK

SAID
postfach 431018
d-80740 münchen
msaidm@aol.com
www.said.at

Der Autor weist auf eine Veröffentlichung zum ähnlichen Thema hin: «Selbstbildnis für eine ferne Mutter» (Kirchheim Verlag, 1992)

ISBN 3 406 47153 6

www.beck.de
Gesamtherstellung: Kösel, Kempten
Gedruckt auf säurefreiem, alterungsbeständigem Papier
(hergestellt aus chlorfrei gebleichtem Zellstoff)
Printed in Germany

für meine mutter

mai 1990

münchen riem.

ich gehe zum schalter der fluggesellschaft, um mein ticket zu bestätigen (*o. k. machen*, wie das mädchen am schalter sagt). das mädchen, jung, blond, hübsch, ohne eigenes gesicht: «ihren paß bitte!»

kein paß, nur ein reiseausweis (abkommen vom 28. juli 1951). farbe blau. mit zwei schwarzen schrägbalken links oben. darunter: bundesrepublik deutschland. darunter: der adler.

auf der ersten seite: dieser ausweis wird am 10. oktober 1992 ungültig, wenn er nicht verlängert wird. name. vorname. künstlername. darunter (kleingedruckt): «dieser ausweis wird lediglich zu dem zweck ausgestellt, dem inhaber als reiseausweis an stelle eines nationalen reisepasses zu dienen. er stellt keine entscheidung über die staatsangehörigkeit des inhabers dar und berührt diese nicht.»

nächste seite. beschreibung. größe: 167. haarfarbe: dunkelbraun. farbe der augen: braun.

nase: groß. gesichtsform: voll. hautfarbe: weiß. besondere kennzeichen: narbe am linken knie.

ich habe lange gebraucht, bis ich mich mit dieser narbe versöhnt hatte. bislang habe ich – bedingt durch die biographie – jedes besondere kennzeichen gemieden oder verleugnet. doch irgendwann überzeugte mich diese narbe davon, daß sie zu mir gehört.

der reiseausweis. im politikerjargon: asylpaß. dazu noch «asylant»; während ich mich stets als politischer flüchtling verstanden habe.

das mädchen wirft einen blick auf den reiseausweis. es steht auf, nimmt ihn zwischen zeigefinger und daumen: «der paß muß von unserer sicherheitsabteilung kontrolliert werden.» dann, mit jenem bekannten cellophan-lächeln aller angestellten der fluggesellschaften: «es dauert nicht lange.»

es dauert lange.

20 minuten. zeit, um auf- und abzugehen. die blonde inhaberin jenes lächelns hat kein recht, meinen ausweis zu kontrollieren; das ist ein privileg der polizei. die fluggesellschaft gehört nicht zur exekutive, und die blonde gesichtslose schon gar nicht. sie hat nicht einmal mein visum für kanada richtig angeschaut. dabei habe ich so gezittert um dieses visum.

seit du angerufen und gesagt hast, daß dir deutschland kein visum gegeben hat, daß du nicht hierher kommen kannst, wo ich lebe. du warst wütend. du hättest sogar bargeld und ein grundstück als sicherheit angeboten, wie die deutsche botschaft in teheran das in der regel verlangt. dennoch, dein visumantrag wurde abgelehnt. ohne begründung, wie so oft. dann machtest du den vorschlag:

du könntest nach toronto, zu deinem sohn. ich solle auch dorthin kommen, zu dir.

und ich sagte am telefon: «hoffentlich geben mir die kanadier ein visum.»

«wieso? hast du probleme mit deinem paß?» fragtest du schnell.

wie sollte ich dir das erklären? was verstehst du von pässen, visa und grenzen. du hast nie den iran verlassen, nie einen paß gehabt.

bis du mich gefunden hast. dann hast du einen paß beantragt, im iran, um mich zu besuchen. in münchen, deutschland.

den paß hast du bekommen. vergeblich. die deutsche botschaft in teheran hat dir kein visum gegönnt.

«du sollst kein böses omen geben!» sagtest du. ich schwieg.

«es wird gutgehen. du wirst sehen.»

du hattest recht. die kanadier machten keine schwierigkeiten. visum für drei monate.

und nun wird dieses erzitterte visum kaum beachtet.

auf- und abgehen.

das visum ist gültig. der paß gut. die blonde gesichtslose kann nichts machen. ich fliege mit. nach toronto. zu dir. vom münchner flughafen rufe ich dich an. ich wollte dich erst nach der landung in toronto anrufen, oder besser am tag darauf. doch freunde hatten mich gewarnt, du könntest einen schock bekommen. die erste nacht wollte ich bei reza verbringen. ich hatte ihn bereits angerufen, er wartete auf mich. reza ist ein alter weggefährte aus der zeit gegen den schah. wir haben uns elf jahre lang nicht gesehen – zuletzt habe ich ihn in rom besucht, wo er damals lebte. es war im frühjahr 1979, im «frühling der freiheit». so hat chomeini die jahreszeit genannt, in der er in teheran die macht ergriffen hatte.

damals sind wir, alle schah-gegner, nach hause gefahren – mit offenen herzen und einem verschleierten blick. schutzlos und verblendet. verblendet durch die hoffnung, nicht mehr in der fremde leben zu müssen. schutzlos, weil wir zu lange auf diesen tag gewartet hatten. dann traf uns der «frühling der freiheit» so hart, daß wir noch einige jahre später benommen waren.

ich war zurückgekommen, um festzustellen, daß blutrünstige mörder auf uns warteten. ich war so benommen, daß ich bei der ankunft am flughafen, noch auf dem rollfeld, mir eine zigarette ansteckte. ein fremder, jemand vom flugpersonal, der wohl diese art der tränen oft gesehen hatte in jenen tagen, faßte mich am arm: «bruder! hier darfst du nicht rauchen!»

bruder!

die menschen sind so, überall. citoyen. genosse. bruder. erst erdulden sie jahrzehntelang unterdrückung und demütigung. dann machen sie eine revolution und rächen sich furchtbar für die erniedrigenden jahre, besonders an falschen personen. hernach beschließen sie, mit einer egalitären anrede alle künftigen demütigungen zu bannen.

«bruder».

und schon sind sie alle gleich. diesmal vor dem staat und vor dem gott.

revolutionen sind überhaupt seltsame ausbrüche, wie vaterländer seltsame konstrukte sind. die franzosen haben bei ihrer revolution den gott per dekret abgeschafft. bis der «unbestechliche» merkte, die masse braucht doch so etwas wie einen gott – wenn sie nicht zu einer amorphen legierung von revolutionären und parias degradiert werden will. also haben sie einen surrogat-gott eingeführt: «das höchste wesen».

die kommunisten gingen einen schritt weiter. sie schafften den gott ab, und zwar ersatzlos.

diese «brüder» hier gehen noch weiter. sie machen

die revolution gleich im namen gottes. und das ist der entscheidende unterschied zwischen den anderen und «unserer» revolution. unsere revolution, als ob sie für uns gemacht worden wäre. die geschichte achtet nicht auf sehnsüchte heimkehrender emigranten.

inmitten dieser götter, revolutionäre, brüder und ihrer blutfontänen – ich. allein. ohne partei, ohne ein klar umrissenes credo. ohne zuhause. ohne arbeit. historisch verwirrt, seelisch dezimiert, praktisch lahmgelegt, und mit viel angst. nicht vor der zukunft. sondern vor der gegenwart. allein, mit einem zettel in der tasche. darauf der name eines fremden, der mich zu dir führen will – zu einer nie gekannten mutter.

ich war verwirrt und hatte kein auge für niemanden – nicht einmal für dich. in jenen tagen in teheran nämlich rief jemand bei meiner tante an und verlangte nach mir. um mir eine botschaft von dir zu überbringen – wahrscheinlich eine liebesbotschaft. ich hatte mich jedoch bei meiner tante nicht gemeldet. aus rücksicht auf ihren mann, der ex-general der armee war und genug probleme und noch mehr ängste hatte – auch ohne mich. meine tante ahnte also nicht, daß ich bereits in teheran war. sie sagte diesem jemand, ich sei noch in deutschland. und dieser jemand erwiderte, er habe aber in der zeitung gelesen, daß ich zurückgekehrt sei.

meine tante schickte ihren sohn los, um mich zu finden. er ging zur universität, zur *agora* dieser revolution. dort herrschte noch freiheit; die revolutionsgardisten hatten noch nicht alles im griff. mein cousin fand einige freunde aus deutschland. er fragte nach mir und ließ ausrichten, ich solle bei seiner familie zu hause anrufen. ich tat es und besuchte sie noch am selben abend.

meine tante weinte, ich auch. ihr mann, der exgeneral, ging auf und ab, um keine emotionen zu zeigen. er wies auf ein riesiges foto von chomeini auf dem kaminsims: «der eine ist gegangen, der andere ist gekommen.» er gestand, daß an dieser stelle noch bis vor einigen tagen das bildnis seiner majestät gestanden habe. und schließlich erzählte er, mit einer leisen stimme und ausführlich, er habe seine uniform, seine medaillen und sämtliche fotos mit dem schah vernichtet.

«man weiß nie. wenn die unser haus durchsuchen, ist es besser so.»

«warum sollen die ihr haus durchsuchen?» fragte ich ihn. «sie haben doch nie etwas getan und sind schließlich schon seit jahren pensioniert.» ich mochte ihn; er war immer wie ein vater zu mir.

er antwortete wie beiläufig:

«weißt du, die sind gerade dabei, generäle hinzurichten. und wenn ihnen die generäle ausgehen, dann kommen die auch zu mir. und du bist ja auch nicht gerade für chomeini.»

ich hatte den wink aufgefangen. ich erzählte ihm, auch wie beiläufig, ich müsse in der stadt wohnen, in der nähe der universität, da ich dort oft zu tun hätte. ich sei bei einem freund untergekommen. er war erleichtert und fragte noch, ob das ein zuverlässiger freund sei. schließlich fragte er, sehr taktvoll, ob ich auch genügend geld habe:

«natürlich weiß ich, daß du geld hast. ich meine, ob du auch iranisches geld bei dir hast?»

dann erzählte meine tante von dem fremden, der angerufen hatte, in deinem namen, und nach mir gefragt hatte. sie stand auf, suchte und reichte mir einen zettel. ein name und eine telefonnummer. ich steckte den zettel ein und nickte.

ich habe den fremden nicht angerufen, das zeichen nicht aufgegriffen. es war mir einfach zuviel. zu viele fremde waren damals um mich, in meinem teheran, nach 14 jahren abwesenheit.

ich war verwirrt. zu verwirrt, um noch dazu eine mutter zu bekommen. ich mußte erst meine rückkehr wahrnehmen, körperlich begreifen; um daraus praktische konsequenzen zu ziehen. die erste verhaftungswelle und die namen der verhafteten waren deutlich genug. ich plante bereits meine rückkehr, diesmal ins exil, wieder. und ich plante sie ohne risiko. alitalia, rom. wenige wochen später wäre das nicht so reibungslos gelaufen. viele freunde mußten über berge und grenzen flüchten. ich flog nach rom und besuchte reza.

wir sprachen – damals, im «frühling der freiheit» – von unserer verwirrung und fragten uns, was denn aus uns werden solle. kurz darauf verließ ihn seine frau. sie wollte zu hause leben, im iran. reza konnte nicht. er blieb in rom, bis ihm die stadt zu eng wurde, bis sie ihn zu sehr an seine frau erinnerte. er ging nach kanada, nach toronto. dort habe ich ihn angerufen, jetzt. nach elf jahren.

du mußt das verstehen: ich hatte angst vor dir, vor unserer begegnung, vor der ersten nacht.

ich wollte bei reza ankommen, übernachten und dich dann am nächsten tag besuchen.

aber freunde warnten mich. so etwas kann man nicht machen, mit einer mutter. mütter ertragen solche überraschungen nicht.

also rufe ich dich an. vom flughafen riem. nach toronto, kanada. du bist dort zu besuch, bei deinem sohn. du wartest auf mich. du nimmst den hörer ab. (später hast du mir erzählt, daß du zuhause kein telefon hast, daß du selbst nie jemanden angerufen hast, daß du nicht einmal weißt, wie man eine nummer wählt.)

ich sage dir, ich würde bald nach toronto fliegen. morgen, vielleicht übermorgen. ich müsse jeden tag zum flughafen, reisefertig; wegen des billigen tickets.

«gut», sagst du. «dann ruf mich an, sobald du hier bist.»

zu schnell.

deine antwort kam zu schnell. du hast nicht einmal einen moment überlegt oder gezweifelt.

hat die mutter alles durchschaut?

aber nun ist es getan. und ich bin trotz der verwirrung irgendwie erleichtert.

auf und ab.

vor dem schalter, genau vor dem schalter. die zimmertür im visier, hinter der das mädchen verschwand, mit meinem paß.

auf und ab.

nachdenken, über dich, über uns.

eigentlich bin ich irgendwie froh, daß du kein visum für deutschland bekommen hast. wem soll ich dafür dankbar sein – der deutschen botschaft in teheran? froh, daß ich dich in kanada sehe, wiedersehe – und nicht in münchen?

ich hatte angst vor dir, in münchen. angst, seit du am telefon sagtest, du hättest einen paß beantragt. angst, der gottesstaat gibt dir keinen paß. weil du zwei söhne hast, die beide flüchtlinge sind. «verbannte», wie die islamische republik uns verächtlich nennt.

angst vor dir, in münchen. angst, dich in münchen zu empfangen. in meiner wohnung,

im einzimmerapartment. ich kenne dich nicht, aber ich kenne die iranischen mütter:

«mein sohn lebt seit 25 jahren in europa!»

und dann.

ein einzimmerapartment von 41,06 quadratmetern. im vergoldeten europa. in diesem eldorado. kein auto, kein fernsehen, keine ehefrau und nicht einmal einen führerschein.

angst auch, daß der raum zu eng wäre für uns. meine gewohnheit, nachts zu arbeiten. du bist religiös, mußt in der früh beten, noch vor dem sonnenaufgang. um diese zeit gehe ich für gewöhnlich ins bett. angst wegen meines berufs. wie soll ich dir begreiflich machen, daß schriftsteller ein beruf ist? selbst meine iranischen freunde raten mir oft – meist ungefragt –, ich solle eine richtige arbeit suchen. sie denken dabei an siemens, bmw, mannesmann oder sonstige firmen, wo sie selbst untergekommen sind.

angst. die ganze zeit lag ich freunden mit meinen ängsten in den ohren. angst, daß du am ende enttäuschst bist von deinem sohn. bis mich eines abends eine freundin anschrie: «verdammt noch mal! sogar mörder werden von ihren müttern verhätschelt!»

und noch eine letzte angst. wenn du bei mir bist, müssen wir wohl beide im selben bett schlafen.

ein traum
17. juli 1976

das erste mal, daß ich von meinem vater träumte (er ist am 1. mai 1972 gestorben). mein vater ist in münchen, und wir gehen spazieren. seine frau – meine stiefmutter – ruht sich zu hause aus. während des spazierganges betrachte ich ihn von der seite. er ist groß, schlank und hat einen bauch, der nicht zu ihm paßt. er geht mühsam. er sieht aus wie eine margerite, die nicht imstande ist, ihren kopf aufrecht zu tragen.

er scheint mir sehr alt und gebrechlich (als er starb, war er gerade 50 jahre alt). er fragt mich, ob ich ihn nicht zu einem bordell führen kann? ich blicke ihm feindselig ins gesicht. der ausdruck dieses gesichts ist nicht der eines mannes, der in der fremde einmal eine abwechslung sucht.

er steht neben mir, schaut mich verstohlen an, mit dem ausdruck eines kindes, das nach der verdienten strafe die versöhnung sucht und die wärme. er steht verloren neben mir, mit einer haltung, als ob er sich entschuldigen will, wegen seiner sexuellen wünsche.

wir gehen weiter, und ich führe ihn in ein bordell. er ist verlegen und murmelt nur einmal:

«na ja, ein mann braucht manchmal so etwas...»

im bordell muß ich alles für ihn erledigen, einer stummen abmachung zwischen uns folgend. sie darf nicht sehr kräftig sein, damit er sich mit seinem kranken herzen nicht anstrengt. sie muß auf ihn und sein herz ach-

ten und darf nicht widerwärtig aussehen. schließlich finde ich in einem gang eine schwarzhaarige, die mit kurzem rock auf einem hocker sitzt und raucht, die beine hat sie übereinandergeschlagen.

ich weiß sofort, sie ist die richtige wahl. ich brauche nicht zu ihm zu schauen, um sicher zu sein. sie steht auf, kommt zu mir und fragt nach dem geld. ich gebe ihr das geld. die beiden verschwinden hinter einem vorhang. ich warte draußen und kämpfe mit mir. schließlich schiebe ich den vorhang ein wenig zur seite. er liegt mit seinem weißen, fragilen körper zwischen ihren beinen, die sie scheinbar ohne mühe hochhält. sie liegt rücklings auf einer dreckigen matratze, am boden. sie ist angezogen und hat nur den rock hochgeschoben. trotz seiner stöße bewegt sich ihr körper kaum. sie hat den kopf zur seite gedreht und kaut kaugummi, mit offenen augen.

sie sieht mich durch den spalt im vorhang. sie lächelt mir zu und zwinkert mit einem auge, während sie mit den händen die beine hochhält. er arbeitet zwischen ihren beinen. seine hände halten krampfhaft ihre schultern. sein körper bewegt sich rhythmisch, langsam und kraftlos. ich denke, er genießt schon nicht mehr. ist nur darauf bedacht, sich achtbar zu schlagen. ich denke an sein krankes herz und wünsche ihm und der frau, daß diese tortur bald zu ende ist.

schließlich ist er soweit. er zuckt, senkt den kopf tiefer auf ihr schulterblatt, stöhnt leise und stößt noch einige male kraftlos zu. sie gleitet sofort unter seinem körper hervor, steht auf, geht zum waschbecken, wäscht sich, bringt das haar und den rock in ordnung und kommt heraus. sie setzt sich wieder auf den hocker und raucht.

ich gehe hinein. mein vater liegt auf der seite, stützt den kopf auf einen arm und weint leise. er ist nackt und wehrlos. er bemerkt mich im zimmer und schaut auf. er weint weiter, auf dieser dreckigen matratze. er macht keine anstrengung, irgend etwas zu verbergen, weder seine nackheit noch seine tränen.

ich stürze hinaus, packe die frau und frage: «kann ich dich in irgendeinem anderen bett ficken?»

sie kichert und zieht mich in ein anderes zimmer. sie will nur ihren rock hochheben; aber ich herrsche sie an, sie solle sich ganz ausziehen – ich zahle extra.

sie wiegt ihren arsch hin und her, als zeichen ihres einverständnisses. ich ziehe ihr das hemd über den kopf und packe unsanft ihre titten und werfe sie aufs bett. schnell bin ich nackt und zwischen ihren beinen. sie hält ihre beine besonders hoch, damit ich tiefer eindringe. mein schwanz ist hart.

sie ist erregt und zappelt. ich werde härter und gröber. plötzlich habe ich den wunsch, sie von hinten zu ficken. ich ziehe meinen schwanz heraus, drehe sie schnell um und sage: «ich will dich am spieß sehen.» sie reckt mir ihren arsch entgegen. da bemerke ich blutspuren im bett und einen gelben fleck, der mir angst macht. ich stoße sie von mir weg. sie landet mit dem kopf in den kissen und schreit auf: «was ist los?»

ich renne zum waschbecken, wasche meinen schwanz,

werfe einige scheine hin und gehe hinaus, während sie mir verstört nachschaut.

draußen im gang wartet mein vater. er schaut mich kurz an und folgt mir die treppe hinunter.

ich bin zornig und renne, bis ich merke, daß er so schnell nicht laufen kann. ich halte an und schaue auf zu ihm. er hält sich an dem treppengeländer fest, holt tief luft und sagt:

«langsam, mein junge, langsam! ich bin ein alter mann.»

auf und ab.

vor dem schalter. das mädchen kann nichts machen. es wird gutgehen.

auf und ab.

die tür geht auf. das mädchen erscheint. es trägt meinen paß und das cellophan-lächeln.

«es tut mir leid. das sind die sicherheitsbestimmungen.»

jetzt bin ich daran, meine ich. ich kläre sie auf. über montesquieu, gewaltenteilung, exekutive und das monopol des staates. das cellophan-lächeln wird abgestellt.

«die fluggesellschaft hat das recht, den transport zu verweigern.»

lufthansa hat mehr geld als montesquieu.

arme sansculotten. ihr habt umsonst gebrüllt: «freiheit, gleichheit, brüderlichkeit.» die gleichheit vor dem gesetz überbietet die lufthansa mit harter währung.

ich halte den mund. ich muß nach toronto. zu dir.

der paß, das flugticket, das bordticket samt jenem lächeln liegen vor mir auf der theke:

«ich wünsche ihnen einen guten flug!»

die stewardessen servieren gleich das abendessen. dann dämmere ich vor mich hin. ich weiß, daß der schlaf nicht kommt.

ein anderer traum
oktober 1984

ich habe eine wohnung in teheran. sie ist klein und überschaubar. meine größte freude ist die terrasse. hier sitzen oft tauben. wochenlang habe ich mich bemüht, bis ich mit einer taube vertraut wurde. sie konnte bereits meinen namen gurren und versprach, mir eine taubenpuppe zu schenken.

an dem tag ist mein vater bei mir zu besuch, und ich habe das gefühl, daß er in all den jahren nur im ausland gelebt hat und jetzt zurückgekehrt ist. während ich ihm tee und süßigkeiten bereite, gurrt meine taube von der terrasse her meinen namen. ich öffne die terrassentür.

meine taube steht auf der schwelle und gurrt wieder meinen namen.

mein vater schreit:

«jage sie weg! tauben sind dreckig und übertragen krankheiten.»

ich eile hinaus, beruhige meine taube und komme zurück.

«bitte, vater! sie müssen mir die taube erlauben. sie gurrt bereits meinen namen, und sie will mir eine taubenpuppe schenken.»

meinem vater laufen die tränen über das gesicht. er murmelt etwas und erlaubt mir die taube.

ich renne hinaus. draußen ist keine taube und auch keine puppe.

die geschäftigkeit der stewardessen legt sich. nach dem obligatorischen amerikanischen film kehrt ruhe ein. damit auch zeit. zum nachdenken. über dich.

samstag, den 26. november 1988, 17:35 uhr.

ich bin 41 jahre alt und habe meine mutter ein einziges mal gesehen, vor 28 jahren.

das telefon klingelt. irgend jemand spricht mit mir persisch. jemand aus teheran. jemand fragt nach mir. jemand weint. ich schreie diesen irgend jemand an. es ist die zeit der großen hinrichtungen in teheran und die zeit der verdammung von salman rushdie. versammlungen, podiumsdiskussionen, interviews. salman rushdie verteidigen, uneingeschränkt. das regime der mullahs verurteilen. die europäische öffentlichkeit entlarven. sie entdeckt plötzlich die menschenrechte – aber nur für salman rushdie. nicht für unsere menschen. 3000 politische gefangene werden in diesen tagen hingerichtet. die europäische presse nimmt kaum notiz davon. herr genscher weilt in teheran, in diesen tagen. er schließt mit den mullahs ein kulturabkommen. nacht um nacht kommen nachrichten von neuen hinrichtungen. mit wenigen dieser männer bin ich befreundet, einige kenne ich, schätze ich. darunter männer, die 25 jahre lang in den gefängnissen des letzten diktators harrten. männer, die 30 jahre im exil warteten, bis das schah-regime gestürzt wurde. viele von ihnen werden gezwungen, im fernsehen reueerklärungen abzugeben und sich selbst der spionage für eine ausländische macht zu bezichtigen. danach werden sie hingerichtet. es ist die zeit des todes, und ich bin müde.

nun weint irgend jemand am telefon. irgend jemand. ich weiß schon. wieder eine hinrichtung. wieder muß ich mit irgendeinem bruder telefonieren oder irgendeiner schwester. mein beileid aussprechen, wieder. irgendeine abgegriffene formulierung zum trost. einen artikel schreiben, wieder. des ermordeten freundes gedenken. die hinterbliebenen um ein foto bitten, als andenken an eine ausgelöschte freundschaft. irgendwohin reisen, falls kein visum nötig, zu irgendeiner trauerfeier. irgendwelche freunde umarmen, überlebende. ihnen ein langes leben wünschen. damit auch mir. «solange wir leben . . .».

irgend jemand am telefon.

ich schreie ihn an.

dieser irgend jemand schluchzt, am telefon. ein anderer fremder nimmt den hörer. er stellt sich vor. der name sagt mir nichts. «entschuldigen sie bitte! der mann vorhin war ihr bruder.»

mein bruder? und ich denke an dich. ich weiß, es gibt dich. irgendwo, im iran. ich weiß, du hast mehrere kinder.

«sie meinen von meiner mutter?»

«ja!» antwortete er und stellte sich wieder vor.

«und warum weint er?»

«weil wir sie gefunden haben!»

«wie meinen sie das?»

«sie wissen nicht, wie schwierig es war, ihre telefonnummer herauszubekommen.»

ich ahne es. ich geize mit meiner telefonnummer und der privatadresse. ich weiß, warum.

ich meine zu wissen, warum.

«wir suchen seit jahren ihre telefonnummer. deswegen ist ihr bruder so aufgeregt.»

«kann er jetzt sprechen?»

dann spricht dein sohn, und auch er entschuldigt sich.

«und wie hast du meine telefonnummer herausbekommen?» ich duze ihn einfach.

«ich habe erst ihre tante in teheran angerufen. aber sie sagte, sie habe ihre telefonnummer nicht. dann brachte mich ein freund auf eine idee. er, dieser freund, rief bei ihrer tante an, gab sich als ein freund von ihnen aus und sagte, er sei gerade in teheran, er habe ‹gewisse probleme› und müsse dringend mit ihnen telefonieren, in deutschland.»

«gewisse probleme», denke ich, ist in teheran eine vielsagende metapher; sie öffnet so manche tür. die tante spielte die edle retterin und rückte die telefonnummer heraus.

dann spricht dein sohn von dir. du wolltest mich finden, schon immer. du hast alle deine söhne verpflichtet, mich zu finden.

«wie viele kinder hat denn deine mutter?»

«sechs. mit ihnen sieben.»

dann erzählt er, du hättest auch zwei fehlgeburten gehabt. nun folgen die namen, samt den berufen, chronologisch.

«dann komme ich. ich bin 27 jahre alt und studiere medizin in teheran, bin verheiratet und habe einen sohn. wissen sie, welchen namen mein sohn trägt?»

wie könnte ich das wissen?

«ihren namen!»

das berührt mich, fast unangenehm.

«mutter hat es so befohlen. sie haben doch nichts dagegen?»

«nein! es ist mir eine ehre.» ich lüge. er weint.

«sind sie verheiratet?»

«nein!»

«warum?»

«es hat sich nicht ergeben.»

«aber da mutter sie gefunden hat, wird sie sie verheiraten – mit gottes hilfe.»

«ja, mit gottes hilfe.» wir lachen beide. jeder auf seine art. danach fragt er mich aus. beruf. politik. dann erzählt er von dir. endlich.

«mutter macht sich sorgen um sie. sie weiß, daß sie gewisse schwierigkeiten hatten, mit der politik, früher. aber auch heute. die ganze familie weiß davon. mutter hatte immer angst um sie. irgendwann in den siebziger jahren kam unser älterer bruder in kontakt mit der linken guerilla. er saß deswegen auch ein jahr im gefängnis. zu jener zeit hat er einmal ein illegales flugblatt in die hand bekommen, in dem die guerilla eines gefallenen genossen gedachte. und der hieß genau wie sie, mit vor- und familiennamen. unser bruder hat uns erzählt, sie seien tot. im kampf gefallen. er hat uns eingeschworen, mutter nichts davon zu erzählen.

wir haben dann die suche nach ihnen aufgegeben. bis 1979, im ‹frühling der freiheit›, ihr name in der zeitung stand. da wußten wir, daß sie leben.»

nun erzählt er wieder, wie schwierig es war, meine telefonnummer zu bekommen. ich sage nichts.

er wiederholt sich; er läuft sich leer. jetzt muß etwas anderes kommen, denke ich.

dann, endlich:

«mutter will mit ihnen sprechen.»

«jetzt?»

«nein, mutter ist nicht in teheran.»

ich bin erleichtert.

«wann? wann will sie mich sprechen?»

«wann sie erlauben.»

«wann immer mutter will.»

«nein!», er schluchzt wieder. «bestimmen sie! wir haben so lange nach ihnen gesucht. jetzt bestimmen sie!»

wir einigen uns auf ein datum: zwei tage später, um dieselbe uhrzeit.

«rufst du jetzt die mutter an?»

«anrufen? sie scherzen. ich fahre morgen früh hin. ich will mutter diese nachricht persönlich bringen. ich will sie lachen sehen, weinen sehen. sie ahnen nicht, was das für ein großes fest wird.»

er schluchzt wieder.

wir verabschieden uns.

es folgen zwei harte tage. ich spreche mit meiner geliebten, mit freunden. ich schreibe alles auf:

was passiert ist, was ich von dir weiß – recht wenig.

ich warte auf deinen anruf. ich weiß nicht, was aus uns wird.

du rufst an. wir sprechen miteinander.

belangloses, pathetisches, auch lustiges. ich frage dich, wie es dir geht.

«gut. seit ich meinen sohn gefunden habe, habe ich nicht einmal mehr diese ewigen schmerzen in den beinen.»

du fragst mich, wie es mir geht. gut, sage ich, und ich glaube daran. ich frage dich, wann du kommst.

«bald, mit gottes hilfe.»

«ja, bald», wiederhole ich.

dann die briefe zwischen uns.

ich schicke dir ein foto, ein neues. du schickst mehrere fotos. du, mit den söhnen. du, mit den töchtern. du, allein. inzwischen ruft auch dein sohn aus kanada an. die verständigung zwischen uns ist leichter als die mit dem sohn aus teheran. wir telefonieren noch einige male.

dann schreibst du, du bekommst kein visum für deutschland.

ich telefoniere nach kanada. ein plan wird ausgearbeitet. du kommst nach kanada, ich auch. dann eine verschwörung. ich will nicht, ich kann nicht, dich auf dem flughafen treffen. das ist kein ort für uns. du bist keine öffentliche mutter. dein sohn in toronto versteht mich, so sagt er zumindest.

aber es gibt keine direktflüge zwischen teheran und toronto. zwischenlandung in frankfurt. wieder angst, du könntest darauf bestehen, mich im transitraum zu sehen. ich hasse transiträume;

sie riechen nach machtlosigkeit und abschiebung.

dein sohn in toronto nimmt sich der sache an. er wird dir erzählen, ich sei sehr beschäftigt und oft unterwegs. das paßt besser ins bild, das du von mir hast.

also fliegst du allein. jetzt bist du in toronto. und ich fliege zu dir.

die passagiere schlafen. die stewardessen sind nicht in sicht. draußen ist dunkel. drinnen halbdunkel. ich bin auf dem weg zu dir. ich habe noch viel zeit bis zu dir.

name: kobra. beruf: hausfrau. alter: 57. verheiratet, in zweiter ehe. kinder: insgesamt neun geburten.

lese- und schreibkundig

und du kicherst so herrlich.

auch einige briefe kenne ich von dir. eine kindliche, unsichere schrift. keine eigene sprache. der duktus mit religiösen formeln gespickt, mit einer neigung zu pathetik, selbstmitleid und füllwörtern. dann die fotos: immer mit leichter trauer bedeckt. ein hartes gesicht. die augen fliehen die kamera. auch auf gruppenfotos einsam.

und du nuschelst stark.

sonst weiß ich nichts von dir.

meine familie hat kaum etwas erzählt von dir. «deine mutter hat dich nach der geburt verlassen. sie hat wieder geheiratet und lebt irgendwo im norden.»

das ist alles, was ich über dich wußte.

jetzt weiß ich mehr.

du bist meine mutter. du liebst mich. diesen eindruck erweckst du in telefongesprächen und briefen; wenn auch zuweilen sehr pathetisch.

noch etwas: du bist eigensinnig und stur. das weiß ich, weil meine großmutter oft im zorn sagte:

«du bist stur wie deine mutter. du willst immer deinen kopf durchsetzen.»

– wie lange warst du mit meinem vater verheiratet?

– wie habt ihr euch kennengelernt?

– hast du ihn überhaupt geliebt?

– wie kam es zu der scheidung?

– warum blieb ich nicht bei dir?

– wollte es das gesetz so?

– wolltest du es so?

das abendessen wird serviert. es ist montreal unter meinen füßen, mit seinem bezaubernden licht. eine tasse kaffee, eine zigarette.

anschnallen für die landung in toronto – für dich.

auf den ersten blick wirkt der flughafen provinziell.

paßkontrolle.

eine große halle. der schwarze polizist dirigiert höflich die passagiere: kanadier, ausländer, emigranten.

ich bei den ausländern. die schlange bewegt sich schnell nach vorne. der polizist beäugt meinen reiseausweis: «west or east germany?»

dann lächelnd: «that was a tricky question, wasn't it?»

stempeldröhnen: «welcome to canada!»

er schaut in keinem fahndungsbuch nach meinem namen. er legt meinen paß auf keinen apparat, der dann piept – falls ich sauber bin.

zollkontrolle.

ein indischer sikh mit vollbart und weißem turban. keine uniform, nur ein blauer anzug und eine armbinde: «custom». er sieht meine schultertasche, lächelt und winkt.

ich bin in kanada. in toronto. nahe bei dir.

ich bin verwirrt. die paßkontrolle ging schnell. reibungslos. ich gehe zur bar. ein kühles getränk, mit eiswürfeln. eine zigarette. alles ist gutgegangen. ein gutes omen. ich fühle mich wohl. warum bei reza übernachten? ich will zu dir.

du nimmst sofort den hörer ab.

«mutter, ich bin in toronto, am flughafen.»

«wann bist du gekommen?»

«jetzt eben.»

«willkommen!»

«danke, mutter! sagen sie bitte amir, er soll mich abholen. ich warte vor der information.»

«dein bruder ist unterwegs nach hause. sobald er da ist, schicke ich ihn los. inzwischen mache ich einen tee für dich.»

jetzt ist alles getan.

kein weg mehr zurück. jetzt kann ich nur warten. amir sagte, er wohne in der nähe des flughafens; er wird also bald hier sein. ich gehe zurück zur information. ich stecke mir eine zigarette an.

auf und ab.

jetzt muß ich mich auf amir konzentrieren. ich kenne ihn ja nicht, meinen bruder. ich habe ihm ein foto von mir geschickt, ein neueres. er hat mir sein hochzeitsfoto geschickt. ob er jetzt, einige jahre danach, dem foto noch ähnlich ist?

nein, er muß mich erkennen.

auf und ab.

auch amir hat gesagt, du seist dickköpfig und würdest dich durchsetzen. ich habe mit ihm ausgemacht, daß er allein kommt. was aber, wenn du ihn umstimmst? doch mit ihm zum flughafen kommst? was, wenn er zu dir hält statt zu mir? schließlich bin ich für ihn nur ein fremder.

ich rufe noch einmal an. wieder nimmst du sofort den hörer ab.

ich bitte dich, amirs frau ans telefon zu bringen. du gehorchst wortlos.

sonja nimmt den hörer. wir haben einmal ein paar worte gewechselt, am telefon. damals, als amir anrief, um mir zu sagen, er sei mein bruder.

ich bitte sonja, ihren mann daran zu erinnern, daß er allein kommen muß, ohne mutter.

sonja beruhigt mich:

«ich weiß von eurer abmachung, er hat mir alles erzählt. er ist schon auf dem weg zum flughafen.»

es gefällt mir, daß er seine frau eingeweiht hat.

ich habe dich brüsk übergangen, am telefon. dennoch, jetzt bin ich ruhiger.

auf und ab.

an nichts denken. schon gar nicht an dich.

auf und ab.

vor der information. zehn minuten sind verstrichen. jemand mit meinem gesicht, mit vollbart, mit nur einer tasche um die schulter, der seit minuten hier auf- und abgeht, fällt bestimmt auf. ich habe keine lust, irgendeinem kanadischen polizisten meine lebensgeschichte zu erzählen. nicht jetzt. so nah bei dir.

noch einmal zur bar. noch ein getränk. zurück zur information. noch eine zigarette. ich gebe es auf, in der menge nach amir zu suchen.

ich höre meinen namen durch den lautsprecher. das mädchen am informationsschalter reicht mir den hörer. es ist amir. er will wissen, in welchem terminal ich bin.

«gut, ich bin in fünf minuten bei ihnen.»

er sagt sie zu mir.

ich zünde meine letzte zigarette an. plötzlich steht er vor mir. wir umarmen uns. er hat keinen schnurbart mehr wie auf dem hochzeitsfoto. ich hätte ihn nicht erkannt.

«aber ich habe sie sofort erkannt.»

wir müssen uns beeilen, sein auto stehe im halteverbot. draußen der flüsterregen, er tut mir gut.

im auto umarmt er mich noch einmal.

«willkommen in toronto!»

die erste rote ampel.

ich stecke den kopf zum fenster hinaus, zum regen hin. ich sage ihm, die beleuchtung in toronto sei schön.

«warten sie bis morgen. ich fahre sie zur downtown, sie werden sehen, wie schön die beleuchtung dort ist.»

er redet weiter. von meinem flug, von müdigkeit, vom abendessen.

ich erinnere ihn daran, daß ich keine zigaretten mehr habe. «gleich.»

dann hält er: «bitte bleiben sie im auto, ich komme gleich.» er rennt in ein geschäft.

ich steige aus und gehe um das auto. meinetwegen könnte der regen jetzt stärker sein.

der flughafen liegt hinter uns. in welcher richtung fahren wir, zu dir?

links ein block von hochhäusern. ich lege mich auf diese richtung fest, zu dir.

amir kommt zurück. ich stelle ihm meine frage und deute nach links.

«nein, genau auf der anderen seite.» er will einsteigen.

«laß uns hier noch eine zigarette rauchen.»

zwischen uns steht das auto. er reicht mir eine stange zigaretten:

«reicht das für heute nacht?»

die nacht von toronto, unterbrochen von vielen gelben lichtern. er schweigt mit.

dann: «mama wartet!»

mama. mit dem wort müßte man aufgewachsen sein.

wir steigen ein.

«raucht sie?»

«nein! sie hat vor zehn jahren aufgehört.» er biegt in eine große allee ein.

«wie geht es ihr?»

«sie ist aufgeregt, wie du.» er schlägt mir auf die schulter.

er hat mich gerade geduzt.

«ihr habt euch viel zu erzählen.»

die allee, zu lang.

«ihr könnt in unserem ehebett schlafen.»

schnell das thema wechseln: «wie viele zimmer hat deine wohnung?»

«vier, es ist platz genug für uns alle.»

endlich, er biegt in eine kleine straße ein. eine tiefgarage.

er will meine tasche nehmen.

«nein! das kommt nicht in frage!»

er holt den aufzug.

«in welchem stock wohnst du?»

«im 15.»

«darf ich auf die 15 drücken?»

«wie sie wollen», er lacht.

der aufzug hält an.

«rechts», sagt er und zeigt mir den gang.

«gehst du bitte vor?» ich will nicht beobachtet werden.

im gang dreht er sich um: «letzte tür links.»

ich halte ihn an:

«würdest du bitte meine tasche nehmen?»

«aber klar.»

wir bleiben vor der tür stehen.

es ist mai 1990.

ich lebe seit 43 jahren; davon die letzten 26 im exil.

er deutet auf die tür. ich nicke.

er klopft, leise.

du öffnest und stürmst auf mich zu.

du hast mich sofort im griff. an meinem hals. aus deinem mund, einige töne. ich kann sie nicht entziffern. du bist kleiner als ich. ich sehe nichts von dir. genau wie damals. vor 28 jahren, in teheran. bei der ersten begegnung. ich rieche an dir. das einzige, was ich jetzt machen kann, in deinem griff. derselbe geruch wie damals. der geruch von feldblumen. der geruch von kleinen leuten aus der provinz. ich höre deinen atem. ich sehe nichts von dir. über deine schulter sehe ich sonja. mit verzerrtem gesicht und tränen in den augen. ich lächle sie an und rieche noch einmal an dir. du hast mich noch immer im griff. dein atem wird schneller. ich streichle deinen rücken, jetzt kann ich das.

amir drängt von hinten:

«mama! gehen wir rein. er ist jetzt da. er ist ja da.»

du läßt mich los.

du machst einen schritt rückwärts. du betrachtest mich. deine rechte hand streichelt über meinen bart. wieder unartikulierte laute. dann nimmst du mein handgelenk, gehst voran und ziehst mich nach. kleine, unsichere kinderschritte. zum kanapee. du setzt mich neben dich.

rechts von mir, meine mutter.

ein profil mit einer nase, die an meine erinnert. ein kopftuch, das nach hinten gerutscht ist. mein handgelenk, noch in deinem griff.

plötzlich, eine atemnot. der griff löst sich. deine rechte hand zappelt in der luft.

amir rennt in die küche und kommt mit einem glas wasser zurück.

du legst meine rechte hand in deinen schoß. ich lasse sie dort liegen. du nimmst das glas mit beiden händen und trinkst.

amir nimmt dir das glas ab.

meine rechte, noch immer in deinem schoß. du nimmst sie mit beiden händen, diesmal ohne druck, fast zärtlich. dein gesicht wendet sich zu mir.

endlich.

ein gequältes gesicht.

«willst du einen tee?» das erste wort.

du machst anstalten, aufzustehen.

ich halte dich zurück. «aber, mutter! doch nicht sie.»

endlich auch dieses wort ausgesprochen.

sonja steht mit einem glas tee vor mir. sie stellt das glas auf den tisch.

ich stehe auf. wir umarmen uns. sie weint. ich nicht.

«ich bin sonja! willkommen in unserem haus!»

ich nicke.

«setz dich!» du nimmst meine rechte hand. «setz dich, mein sohn!»

auch dieses wort nun. es kam leichtfüßig daher.

«trinke deinen tee!», und du läßt meine hand frei. «du mußt müde sein. wie lange bist du unterwegs?»

ich schaue auf meine uhr. 3 uhr in der früh, in münchen.

«ich bin mittags in münchen abgeflogen.»

es ist 21 uhr in toronto.

amir stellt sich vor uns auf:

«na, wie gefällt dir unsere mutter?»

wieder duzt er mich.

du schreist ihn an, herzlich:

«ärgere ihn nicht! er ist müde. er ist vielleicht hungrig.»

er lacht auf und zwinkert mir zu.

«du mußt müde sein. trink jetzt deinen tee. dann mache ich dein essen warm.»

«mutter, ich habe im flugzeug gegessen.»

«du willst mein essen nicht?» du schlägst mir auf die schenkel.

«du kennst meine kochkunst nicht.» mit beiden händen nimmst du meine rechte.

«ich habe ja nie für dich gekocht.»

deine hand streichelt über meinen bart. du ziehst dein kopftuch hoch.

«ich bringe dir noch einen tee und mach dein essen warm.»

du springst auf. du bist klein, mit eiligen schritten. sonja folgt dir in die küche.

amir zwinkert mir zu: «na? es war ja nicht so schlimm.»

ich nicke.

«und du hast soviel angst gehabt vor unserer mutter.»

ich nicke wieder.

durch die offene küchentür beobachte ich dich.

du hast einen weiten rock an, keine strümpfe. man

könnte deine füße sehen. dein kopftuch, wieder nach hinten gerutscht. du achtest nicht darauf.

«du mußt jetzt essen!»

du sprichst unaufhörlich, schnell und nuschelst.

«du mußt jetzt essen. reden kannst du später», und du kicherst wie eine vierzehnjährige.

du hast einen kochlöffel in der hand. du berührst mich nicht mehr. du sitzt neben mir, aufrecht. du schaust geradeaus, zu deinem sohn. ihr scherzt miteinander. teilweise in eurem dialekt, den ich kaum verstehe.

er neckt dich:

«mama, du schuldest mir ein teures geschenk. ich habe dir deinen sohn gebracht.»

er duzt dich einfach.

du fuchtelst mit dem kochlöffel:

«halt deinen mund! ich habe ihn gefunden, nicht du. laß ihn jetzt essen.»

er lacht und übersetzt alles für sonja.

plötzlich drehst du den kopf zu mir:

«wo warst du in frankfurt? ich habe lange nach dir gesucht – im transitraum.»

ich schaue auf von meinem teller.

amir schaltet sich schnell ein:

«mama, ich habe dir doch erzählt, ich konnte ihm nicht bescheid geben. er war unterwegs. du weißt, er hat viel zu tun.»

du sitzt wieder gerade, mit dem gesicht zu ihm. du schlägst mit dem kochlöffel auf deine handfläche.

«ja. du bist sehr beschäftigt, ich weiß. trotzdem

habe ich lange nach dir gesucht, im transitraum. aber jetzt iß erst einmal.»

nach dem essen bringst du mir noch einen tee.

amir bringt eine flasche mit drei gläsern.

du schreist: «was ist das?»

«whisky!» antwortet dein sohn jovial.

«muß das sein, dieses teufelszeug?», ein zu leiser protest.

«ja! wir müssen feiern. euer wiedersehen.»

«meinetwegen», sagst du mit einer wegwerfenden handbewegung.

dann auf mich zeigend:

«von diesem weiß man ja, daß er gottlos ist», und du legst deine hand auf meine.

«du trinkst doch ein glas mit, mama?»

«ich? es ist sünde genug, euch dabei zuzuschauen.»

ich nehme mein glas: «mutter, sie erlauben doch?»

«na, trinkt doch euer satanszeug!» du drehst den kopf weg.

amir erhebt sein glas: «auf meinen bruder!»

«auf meine mutter!», und ich drehe den kopf zu dir.

«ja, ja! auf mein wohl!» du schlägst mit dem kochlöffel auf die sessellehne.

amir setzt sein glas ab:

«sie müssen es nicht ernst nehmen. mama trinkt manchmal heimlich. allerdings ohne eis.»

«halt deinen mund, du mißratener!» mutter und sohn lachen miteinander.

du nimmst deine religion doch nicht so ernst, wie ich befürchtete. das ist ein gutes omen. für uns.

«du bist müde. willst du schlafen gehen?»

«ja, mutter. ich bin müde.»

amir platzt hinein:

«ihr beide könnt in unserem ehebett schlafen. sonja und ich schlafen bei den kindern.»

«laß ihn alleine schlafen. er ist sehr müde. und ich muß ja auch früh aufstehen, das stört ihn bestimmt. er schläft in eurem bett. ich schlafe hier im wohnzimmer.»

und du stehst auf.

«mutter, wir werden morgen miteinander reden.»

«ja, mein sohn. wir haben zeit, sehr viel zeit . . .»

ich stehe vor dir.

wir wünschen uns gute nacht, wir berühren uns nicht.

das schlafzimmer.

ein offenes fenster.

die gelben lichter dieser stadt.

die nacht. lau. körperlos, ohne dich. mild.

als ich aufwache, ist es bereits mittag.

im wohnzimmer sitzt meine mutter und sieht fern.

zwei kleine kinder spielen miteinander, laut. und sehen auch fern.

«guten morgen, mutter!»

«guten morgen, mein sohn!» sie springt auf und geht in die küche.

während ich frühstücke.

«das ist mein sessel. niemand darf darauf sitzen. nicht einmal diese kinder.»

sie schlägt einige male mit der flachen hand auf die lehne. sie starrt mich an.

«daheim habe ich auch meinen eigenen sessel.»

nach dem frühstück will ich abräumen. sie weist mich zurecht:

«du bist hier gast!», und sie rennt wieder in die küche.

ich hole meine schultertasche. «mutter, darf ich im bad mein hemd waschen?»

sie reißt mir das hemd aus der hand: «das mache ich!»

als sie vom bad zurückkommt, zeigt sie auf meine tasche:

«ist das alles, was du mitgenommen hast?»

«ja!»

«so!»

amir kommt nach hause.

wir rauchen eine zigarette. mutter will beten. sie breitet ihr gebetstuch aus, steht in der richtung nach mekka und betet. ihr sohn und ich sprechen leise, bis sie fertig ist.

«mutter, sie haben fünfmal gebetet; am nachmittag betet man aber nur dreimal.»

amir platzt hinein: «mama schwindelt. selbst mit gott.»

sie schimpft heftig auf ihn, in ihrem dialekt, dann auf persisch:

«mein sohn, mit solchen dingen scherzt man nicht.» sie setzt sich auf ihren sessel:

«du hast recht. ich habe fünfmal gebetet, zwei davon für das morgengebet. ich kann nicht vor dem sonnenaufgang aufstehen. ich bin einfach keine frühaufsteherin. weißt du, ich habe mit dem gott meine eigene rechnung. er versteht mich und akzeptiert mein morgengebet auch am nachmittag. aber dieser gottlose sohn, der nie betet und alkohol trinkt, muß mekkern.»

«ich sage doch, mama schwindelt.»

mutter und sohn schimpfen und scherzen, halb im dialekt, halb auf persisch.

der tag vergeht unbedeutend.

kindergeschrei, belanglose gespräche, mutter als stumme fernsehzuschauerin. sie kann bereits mit der fernbedienung umgehen. sie wechselt das programm so oft, bis ihr eines gefällt.

plötzlich erkennt sie den helden einer serie. dallas. sie schreit auf:

«das ist doch der dings ...»

amir nennt den namen.

meine mutter enttäuscht: «aber der ist doch abgestürzt mit seinem hubschrauber.»

dann zu mir, triumphierend:

«siehst du, ich kenne mehr folgen als diese kanadier. diesen teil habe ich vor einem jahr gesehen.» sie kichert vor vergnügen.

«mutter, woher kennen sie dallas? amerikanische serien sind verboten im iran!»

«es gibt doch videos», antwortet sie kurz.

«aber, mutter, auch videos von diesen serien sind verboten. chomeini selbst hat die amerikanische kultur als satanisch verurteilt.»

«chomeini hat viel geredet.» dann:

«und man kann auch verbotene videos kaufen.» dann:

«kennst du dallas?»

«nein, mutter!»

«warum nicht?»

«ich habe kein fernsehen.»

«und was machst du abends, wenn du nach hause kommst?»

«ich arbeite oft abends bis in die nacht.»

«und was machst du, wenn du von der arbeit müde bist?»

«dann lese ich oder gehe freunde besuchen.»

«so!»

dann: «und warum hast du kein fernsehen?»

«das fernsehen lenkt mich ab, von mir, von meiner arbeit, von meinem eigenen weg.»

«so!»

dann: «du redest wie chomeini.»

amir lacht auf.

sie schaltet das fernsehen ab.

«was hast du eigentlich gegen chomeini?»

«chomeini hat tausende menschen ermordet, im namen einer idee, die nicht einmal sie restlos akzeptieren.»

«laß mich aus dem spiel!»

«er hat viele meiner freunde ermordet, die keine andere schuld hatten als eine andere meinung.»

«laß die freunde! was hat chomeini dir angetan, dir persönlich?»

amir springt mir bei, deklamatorisch:

«chomeini hat meinen bruder vertrieben. reicht das nicht?»

«nein!» schreit sie ihn an.

«und du? warum bist du nicht geblieben, als du nach vielen jahren zurückgekehrt bist?»

«wenn ich geblieben wäre, mutter, hätte mir genau das passieren können, was meinen freunden geschehen ist.»

«so!»

«mama, willst du vielleicht, daß mein bruder...»

«halt du deinen mund, du ungläubiger!»

«mutter, hat nicht chomeini selbst ihren mann ins gefängnis geworfen?»

«laß du meinen mann in ruhe! er war auch unter dem schah im gefängnis.»

ich schaue hinüber zu amir.

er nickt.

«es tut mir leid, mutter. das wußte ich nicht.»

«es gibt vieles, was du nicht weißt.» sie trotzt vor sich hin. ihr sohn schweigt.

dein mann saß im gefängnis. unter dem regime der mullahs. wegen «unislamischen betragens». er, selber ein mullah und notar. dem gottesstaat zweifach verpflichtet. nie habe ich erfahren, was man ihm konkret vorgeworfen hat. niemand konnte oder wollte mir antworten. obwohl ich präzise fragen stellte:

– kam die anklage vom revolutionstribunal?
– bezogen sich die vorwürfe auf die schah-zeit?
– gab es überhaupt eine schriftliche anklage?
– war er «nur» in untersuchungshaft?
– war er in einem normalen gefängnis?
– oder in den berüchtigten zellen der revolutionsgardisten?
– gab es je ein gerichtsverfahren?
– ist er überhaupt rechtlich verurteilt worden?

keine klare antwort. von dir weiß ich nur eines: er blieb sechs monate im gefängnis. danach durfte er seinen beruf als mullah nicht mehr ausüben, also auch nicht die entsprechenden kleider und den turban tragen. dies sei für ihn die schlimmste strafe gewesen, erzähltest du.

das alles liegt einige jahre zurück.

wieder stürmst du nach vorne:

«und was hat dir der schah angetan, dir persönlich?»

«auch der schah hat meine freunde hingerichtet, ermordet...»

jetzt schreit sie:

«freunde, freunde! alle kommunisten reden von freunden. wie viele freunde hast du noch?»

sie spielt mit der fernbedienung. jetzt ruhiger, bestimmt:

«merk dir eines! freunde vergehen. nur die familie bleibt.» dann:

«es ist immer dasselbe. schlechte freunde. die verderben unsere kinder. wahrscheinlich haben schlechte freunde dich aufgehetzt, gegen den schah.»

«mutter, sie reden so, als ob sie monarchistin wären.»

«jawohl! ich bin monarchistin. sonst noch was?» sie schreit wieder. «bei jedem gebet bete ich auch für ihn. für seine seele. er war ein gütiger herrscher und liebte sein land. möge gott seinem grab ewiges licht schenken.»

dann, ruhiger:

«er war anders als diese verlausten mullahs. wegen ihnen muß man sich schämen.»

«aber, mutter, ihr mann ist auch ein mullah...»

sie schreit wieder.

«mein mann ist kein mullah! er ist ein mann gottes! er hat geweint, als diese verlausten mullahs ihn gezwungen haben, seine amtskleider und den turban abzulegen. das hätte unser schah nie getan.»

sie streichelt mit der rechten hand die linke. langsam. zärtlich.

«mein mann hat nur zweimal geweint, in seinem ganzen leben. das erste mal, als man ihn gezwungen hat, seine amtskleider abzulegen. und das zweite mal, das zweite mal, als wir dich gefunden haben. da hat er auch geweint. mein mann ist ein gütiger mensch. er fühlt wie ein vater für dich.»

sie nimmt den blick von ihren händen.

«und unser schah war auch ein gütiger mann.» dann wieder die wegwerfende handbewegung.

«ich kümmere mich jetzt um das essen.»

amir zieht die augenbrauen hoch. ich rauche meine zigarette zu ende. dann gehe ich in die küche:

«mutter, wenn sie erlauben, gehe ich ein wenig spazieren.»

sie hantiert geschäftig mit dem küchengeschirr. mit dem rücken zu mir.

«ja, mein junge, gehe nur. ein mann muß immer wieder aus dem haus, sonst rostet er.»

sie dreht sich um, nimmt mich in die arme und küßt mich auf die wangen. sie wendet sich wieder dem kochen zu.

beim essen scherze ich und lobe ihre kochkunst. zwecklos. sie spricht kein wort. sie ißt sehr wenig.

sonja lehnt meine hilfe ab und bringt das geschirr in die küche. meine mutter bleibt sitzen. stumm.

sonja und amir gehen früh ins bett. es ist 10 uhr abends.

wir sind allein. mutter und ich.

sie rührt sich:

«bist du sehr müde?»

«aber nein! ich wollte gerade einen tee machen, für uns.»

«den mache ich!»

es ist unsere nacht.

ich setze mich mit dem rücken zum fenster, ihrem sessel gegenüber – das licht von draußen darf mich nicht ablenken –, und warte.

sie muß raum haben zum erzählen.

raum für annäherung.

sie muß erst ihre geschichte zusammentragen.

nicht weinen!

erst die fakten.

keine sentimentalitäten.

sie braucht freiraum.

du mußt zuhören.

nur zuhören, keine fragen stellen.

diese frau wird auf keine frage antworten, wenn sie nicht will.

«eines tages kam ich von der schule nach hause. ich war gerade dabei, die mittlere reife zu machen. vor dem wohnzimmer standen ein paar offizierstiefel. ich bekam angst, ging leise in den hof und spielte. meine mutter rief mich. ich ging ins zimmer, grüßte und setzte mich gleich neben die tür, den fluchtweg im blick. ich saß mit gesenktem kopf, wie es sich gehörte für ein junges mädchen, wenn fremde zu besuch sind.

meine mutter griff mir unter das kinn und hob meinen kopf.

‹das ist meine tochter.›

da sah ich zum ersten mal deinen vater, in offiziersuniform.

ich senkte wieder den kopf. meine mutter befahl mir, hinauszugehen.

zwei tage später.

ich kam von der schule. wieder die stiefel vor dem wohnzimmer. ich wollte im hof verschwinden. meine mutter versperrte mir den weg.

‹gehe ins zimmer! herr leutnant wartet auf dich!›

ich rannte davon, doch sie erwischte mich. nach der zweiten ohrfeige kam dein vater aus dem zimmer.

‹aber ich bitte sie ...›

er führte mich ins zimmer. meine mutter blieb draußen.

dein vater setzte mich neben sich, streichelte mir über den kopf und sagte:

‹du darfst keine angst haben vor mir. von jetzt an werden wir uns öfter sehen.›

ich traute mich nicht aufzublicken. dann sagte er in seinem freundlichen ton:

‹du kannst hinausgehen und spielen.›

ich sprang auf, lief an meiner mutter vorbei und in den hof.

die beiden sprachen eine weile miteinander.

als herr leutnant fort war, kam meine mutter in den

hof und prügelte mich durch; so hart wie nie zuvor. ich hörte immer wieder diesen satz:

‹du wirst nie mehr vor herrn leutnant fliehen! nie mehr!‹

als sie von mir abließ, konnte ich nur noch ins bett kriechen. dort weinte ich, bis ich einschlief.

am tag darauf rief die lehrerin, kaum daß sie das klassenzimmer betrat, meinen namen. ich stand auf und wartete. sie fragte, warum ich keine süßigkeiten mitgebracht hätte. ich verstand nichts. dann erzählte sie, daß ich seit gestern verlobt sei. die mädchen klatschten und jubelten. die lehrerin schickte mich nach hause, um süßigkeiten zu holen.

zu hause fragte ich meine mutter, was das sei: ‹verlobt-sein›.

sie antwortete nicht und ging hinaus, um süßigkeiten zu besorgen.

ich unterbreche dich.

«mutter, wie alt waren sie damals, genau?»

du, ungeduldig:

«vierzehn! ich war gerade dabei, die mittlere reife zu machen.»

«und mein vater?»

«fünfundzwanzig!»

dann, sanft:

«ich hatte langes schwarzes haar.» du sprichst in einem zärtlichen ton von dir. zum ersten mal.

«haben sie noch ein foto aus dieser zeit?»

«nein! die hochzeitsfotos sind bei ihm geblieben. alles ist bei ihm geblieben. ich habe nichts mitgenommen aus seinem haus.»

wieder die wegwerfende handbewegung.

«doch, ich habe ein foto. weißt du, das foto auf meinem zeugnis der mittleren reife.»

«und das zeugnis haben sie noch?»

«natürlich habe ich das zeugnis!»

«glauben sie, sie könnten eine kopie dieses fotos anfertigen lassen, für mich?»

«ach, was! ich schicke dir das zeugnis. wozu brauche ich jetzt das zeug?»

«und sie vergessen es nicht?»

«nein! bestimmt nicht! sei beruhigt!»

du beugst dich nach vorne und streckst die hand aus.

sie liegt auf dem tisch, die innenfläche nach oben, offen.

ich bin zu überrascht. du lehnst dich wieder zurück.

«weißt du, ich weiß das so genau, weil meine mutter sagte, herr leutnant habe es erlaubt, daß ich noch die mittlere reife mache, herr leutnant könne so lange auf die heirat warten; aber ab sofort seien wir verlobt. und sie erklärte mir, was das bedeutet:

‹er kann mit dir allein sein, im zimmer, oder dich auch einmal ausführen.›

und er führte mich aus, einige tage später.

meine mutter kaufte mir ein schönes kopftuch.

‹du gehst mit herrn leutnant aus.›

damals habe ich keinen schleier getragen. auch heute trage ich keinen schleier, ich hasse das ding. ich ging also mit deinem vater aus. auf der straße fragte er mich, ob ich je im kino gewesen sei.

ich schüttelte den kopf, ohne ihn zu heben.

‹willst du ins kino gehen?› fragte er in seinem freundlichen ton.

ich nickte, ohne ihn anzuschauen.

und er führte mich ins kino.

ich war völlig verwirrt und schaute immer auf die plakate und auf die wandspiegel in der vorhalle. du weißt, wie die kinos damals ausgestattet waren.

als es im kinosaal dunkel wurde, ergriff er meine hand. ich ließ ihn, da ich dachte, er hat ein recht dazu.

ich war zu verwirrt, um überhaupt etwas vom film zu verstehen. einige male neigte er den kopf und erklärte mir etwas. auch seine erklärungen verstand ich nicht.

als die lichter angingen, zog ich meine hand aus seiner heraus.

vor dem kino sagte er:

‹wir gehen ein wenig spazieren.›

und er wollte wieder meine hand nehmen. ich weigerte mich.

‹aber wir sind doch jetzt verlobt.›

und ich wehrte mich nicht mehr.

einige wochen nach der mittleren reife kam dann die heirat. und ich zog zu ihm und zu seiner familie.»

wieder eine wegwerfende handbewegung.

«ich mache einen neuen tee für dich.»
keine fragen!
ich darf dich nicht aus dem redefluß bringen.
keine fragen jetzt nach der hochzeitsnacht.
nach deinen gefühlen.
nach deiner angst.
nach der angst eines 14jährigen mädchens mit langem schwarzem haar.
nach der angst eines verschüchterten kindes.
nach dem schmerz.
das kind windet sich unter dem drängenden körper des leutnants.
nach der angst vor den stiefeln.
hat er die stiefel erst ausgezogen?
oder stand er vor dir, damit du sie ausziehst?
damit du vor ihm kniest?
stand er nackt vor dir, über dir?
hat er das licht ausgemacht?
oder wollte er deinen körper bei licht sehen?
hat er dir erst das kopftuch abgenommen?
dann das kleid hochgeschlagen?
warst du willig?
hast du dich geziert?
gewehrt?
welchen rat hat dir deine mutter gegeben?
wie lange, bis zu welchem grad widerstand leisten?
hat er dich hart angepackt?
hast du dich verkrampft?
mit beiden händen auf dem slip?

hast du dich nach hinten fallen lassen, wie zufällig?
oder hat er dich hingelegt?
hielt er dich fest? an den schultern? an deinem haar, lang und schwarz?
sprach er überhaupt mit dir?
besänftigend, überredend? kosenamen, nahe deinen lippen?
hast du etwas gesagt?
herr leutnant, bitte?
im flüsterton?
oder seinen namen gerufen?
deinen arm auf den augen? um nichts zu sehen?
wollte er dann unbedingt das blut sehen? die insignien deiner unschuld, seines sieges?
hast du geweint dabei?
oder hinterher?
hat er deine tränen weggewischt?
dich getröstet?
«das nächste mal wird es schöner sein?»
konntest du überhaupt schlafen vor schmerz?
die hände verkrampft auf deiner mitte?
bis morgengrauen?
dann der tee für herrn leutnant?
hast du das bett neu beziehen dürfen?
oder das blutige laken gelassen für seine argwöhnende mutter?
und den ganzen tag im fremden haus?
mit blutender mitte?
keine fragen jetzt! nicht jetzt!

du bleibst in der küche, zu lange.

ich komme zu dir. du weinst nicht.

«dein tee ist schon fertig.»

«mutter, ihr kopftuch fällt bald herunter.»

«ach, das macht nichts. du bist ja kein fremder mann.»

wir gehen ins zimmer.

du verschwindest ins bad. ich nehme meinen platz ein, deinem sessel gegenüber.

du kommst zurück. ein lineal in der hand.

«weißt du, wie lange ich mit ihm verheiratet war?»

ich schaue dich nur an.

«vierzig tage! stelle dir vor: nur vierzig tage!»

ich schaue dich an. immer noch stumm. du ziehst das kopftuch hoch.

«dann kam die scheidung.»

«aber, mutter, warum?»

«ach! du kennst deine verwandten nicht. das sind hyänen. hyänen. ich habe ihnen nichts verziehen. und ich werde auch nichts verzeihen. nichts. die waren schuld. die.»

du schaust weg. dann wieder zu mir.

«er war lieb zu mir. er hat mich nie beleidigt. nie gedemütigt. nie geschlagen.»

plötzlich, ein pathetischer ton. du erhebst die hände, schreist beinah:

«vor dem gott lege ich zeugnis ab. er hat mir nichts böses angetan.»

du schaust wieder weg. dann, ruhiger:

«aber weißt du, er war zu schwach. besonders seiner mutter gegenüber. ich will nichts böses sagen über deine verwandten. ich nicht. die haben viel böses erzählt über mich, du weißt. aber ich nicht.»

du schaust weg. du schlägst mit dem lineal auf deine handfläche.

«kurz nach der heirat wollte seine mutter mich zu einem frauenarzt schleppen.

ich wollte nicht. ich wollte mich vor keinem mann ausziehen; auch wenn er ein arzt ist. ein fremder mann sollte mich nicht nackt sehen und anfassen. meine familie hatte eine gute ärztin, zu der wollte ich gehen, aber zu keinem mann. da fing seine mutter an. du kennst ja ihre böse zunge:

‹mit unserer braut stimmt etwas nicht. sie hat angst vor unserem arzt.›

ich gab zurück. ich war trotzig. damals noch mehr. ab jetzt war die atmosphäre vergiftet. es kehrte nie ruhe ein. er schlichtete. er schlichtete nur. wenn er überhaupt partei ergriff, dann für seine mutter. nie für mich. eines nachmittags ging er mit mir spazieren. ich war froh, aus dem haus zu sein. fern von der bösen zunge seiner mutter. er erzählte mir so schöne sachen. ich hörte ihm gerne zu. und seiner gewählten sprache.

er führte mich zu einem amt. ich wartete im warteraum. nach einer weile brachte er mich ins amtszimmer und bat mich, ein dokument zu unterschreiben. er war mein mann. er wollte es so. ich unterschrieb. später, nach der scheidung, erfuhr ich – von meiner mutter –, ich hatte eine verzichtserklärung unterschrieben. verzicht auf mein brautgeld. die summe, auf die seine mutter und meine mutter sich geeinigt hatten – für den fall der scheidung.»

du schaust weg. du schlägst mit dem lineal auf die sessellehne. für eine weile.

«eines abends kam er nicht nach hause. dafür erschien seine ordonnanz:

‹herr leutnant hat befohlen, sie zu ihrer mutter zu bringen.›

ich freute mich. denn sie kam mich nie besuchen. meine mutter und seine mutter waren bereits verfeindet. und seine mutter hatte mir verboten, das haus alleine zu verlassen.

meine mutter empfing mich mit einer ohrfeige.

‹ab heute bist du geschieden.›

ich verstand wieder nichts.

‹morgen gehen wir zum arzt!›

der arzt untersuchte mich. er schrie meine mutter an:

‹was sind sie für eine mutter? dieses kind ist schwanger.›

meine mutter zerrte mich nach hause:

‹du wirst herrn leutnant nie mehr wiedersehen! nie mehr!›

und ich habe ihn nie mehr wiedergesehen.

meine mutter verhandelte mit seiner mutter, über das kind.»

bei diesem wort schaust du wieder weg. du willst dem kind nicht in die augen schauen. ich sehe dich nur an.

«als es dann soweit war, brachte mich meine mutter ins krankenhaus. die beiden mütter konnten sich nicht einigen, in wessen haus das kind zur welt kommen sollte. also entschieden sie sich für das krankenhaus. für einen neutralen ort. dann kam das kind. nach der geburt habe ich das kind einmal in die arme genommen und gestreichelt. die krankenschwester nahm es mir ab. ich fiel in einen tiefen schlaf. als ich aufwachte, verlangte ich nach dem kind. meine mutter erschien.

‹das kind bleibt beim herrn leutnant!›

in dieser nacht hatte ich eine starke blutung.

nach zwei wochen wurde ich nach hause entlassen.

ich verlangte immer wieder nach dem kind, bis meine mutter ein einsehen hatte. sie ging hin und verhandelte. ich sollte das kind unter der aufsicht einer nachbarin sehen.

sie war sehr freundlich und machte mir sogar einen tee.

als das kind weinte, war ich verlegen.

die nachbarin sagte:

‹stillen sie es! stillen sie das kind!›

ich schaute verwirrt auf.

sie kam, öffnete meine bluse, holte meine brust heraus und steckte sie dem kind in den mund.

‹seien sie unbesorgt! ich passe auf, daß uns niemand sieht. das ist ihr kind. stillen sie es!›

sie hielt wache an der tür.

ich stillte das kind. das gefiel mir. und dem kind auch.

als ich das kind aber noch einmal sehen wollte, wurde ich abgewiesen. seine mutter hatte herausbekommen, daß ich das kind gestillt habe. sie hatte angst, das kind könnte sich an seine mutter gewöhnen.

ich ging trotzdem einige male hin. sie wiesen mich jedesmal ab. bis ich eines tages erfuhr, daß seine familie umgezogen ist.

ich habe das kind nicht mehr gesehen.»

du wendest das gesicht vom kind ab.

du schlägst mit dem lineal auf deine handfläche.

das kind greift nicht ein. es schaut dich nur an.

du legst das lineal weg. du streichelst deine hand, verkrampft.

«mutter, wir haben uns doch später gesehen.»

«ja, das war aber viel später», antwortest du mit fester stimme und schaust mich an.

«du warst da dreizehn oder so.»

«ja, ich war genau dreizehn, als wir uns das einzige mal sahen.»

«ja, ja, du warst dreizehn, ich erinnere mich.»

dann erzählst du mit einem erstaunlichen gedächtnis von dieser begegnung, mit vielen details, die ich längst vergessen hatte. ich hatte die begegnung nur vage in erinnerung, als silhouette.

‹im zimmer plauderten fünf frauen auf dem teppich. eine davon ist meine mutter, dachte ich.

ich blieb auf der schwelle und wartete. da stand eine auf, lief auf mich zu und erdrückte mich fast.

das war meine mutter. sie hielt mich fest und weinte. ich konnte kaum atmen. ich blieb auf der schwelle mit herunterhängenden armen. sie drückte mich auf den teppich und setzte sich neben mich. sie schaute mich an. ich starrte auf den teppich. sie hielt mich fest. ich konnte ihr gesicht nicht sehen. es war nur ein geruch da. ein starker geruch. nach feldblumen, nach kleinen leuten aus der provinz.›

du erzählst weiter, präzise, chronologisch. eine sache aber vergißt du – ich bin erleichtert.

die uhr, die du mir bei dieser begegnung geschenkt hast. eine teure uhr. die uhr hatte ich weitergeschenkt, kurz nachdem ich den iran verlassen hatte. in meiner siebzehnjährigen wut, in meiner bitterkeit, wollte ich kein andenken an dich behalten. an einen fremdkörper mit der bezeichnung «mutter».

eine andere sache vergißt du nicht; ich habe vergeblich gehofft.

«ich habe dir doch briefe geschrieben, nach unserem ersten wiedersehen; bis nach deutschland. hast du sie nie bekommen?»

ich schaue dir fest in die augen.

«welche briefe denn?»

«ich habe deine adresse von deinen verwandten bekommen. es war damals eine richtige adresse, kein postfach. ich habe dir briefe geschrieben nach deutschland. ganz am anfang, als du dorthin gingst.»

«ich habe keine briefe bekommen.»

«dann haben sie mich wieder überrumpelt, deine verwandten.»

du schaust kurz weg.

«und die haben dir sicher erzählt, deine mutter hätte dich verlassen?»

du wartest die antwort nicht ab und schreist:

«ich und mein kind verlassen? weggenommen hat man mir das kind. weggenommen!»

du beugst dich nach vorn. wieder bleibt deine ausgestreckte hand ungestreichelt. du lehnst dich zurück.

«aber, mutter, all das erfahre ich erst jetzt.»

«ich weiß. ich kenne deine verwandten. aber ich habe auch einen gott, und er wird mich rächen.»

«mutter, was nützt die rache?»

du starrst mich an.

«ich will rache! das ist mein recht.»

«wozu, mutter? wir haben uns ja trotzdem gefunden.»

du schreist:

«ich habe dich gefunden. ich!»

du schlägst mit dem lineal an deine brust.

wir schweigen. du schaust wieder weg.

dann, zärtlich:

«ich habe nie daran gezweifelt, daß ich dich eines tages finde.»

ich beuge mich vor.

deine hand liegt nicht auf dem tisch. du bist längst zurückgekehrt, in dich.

«mutter, wann begannen sie mich zu suchen?»

du schaust mich wieder fest an:

«das kam so: eines tages kam dein vater nach norden. wir sind eine große familie, in dieser gegend kennt man uns. er suchte und fand einen vetter von mir. er verlangte meine mutter zu sprechen. natürlich traute er sich nicht, nach mir zu fragen. ich war eine verheiratete frau. meiner mutter erzählte er dann folgendes:

‹ich bin ein kranker mann. ich habe zwei herzinfarkte hinter mir. ich warte auf den dritten, auf den tod. ich habe nur einen sohn. ich komme gerade aus paris. ich habe ihn dort gesehen. er ist politisch aktiv gegen die regierung. ein taugenichts. ein hippie, mit langem haar und vollbart.›»

du lehnst dich nach vorne. und in einem zärtlichen ton:

«das waren die worte deines vaters. das hat mit uns nichts zu tun.»

«ja, mutter. ich kenne seine ansichten und seine sprache. er hatte auch angeordnet, mich ins waisenhaus zu geben, als er von meiner geburt hörte.»

«sprich nicht so über deinen vater. er ist tot.»

dann:

«er war vielleicht verzweifelt. wegen uns, wegen unserer scheidung. ich weiß nicht was.»

dann:

«aber als er kurz nach deiner geburt nach teheran zurückkehrte und dich sah, hat er dich sehr geliebt. ich weiß es.»

ich schaue dich an. ich will jetzt nichts von meinem vater. ich will deine geschichte hören.

«er sagte also: ‹mein sohn ist politisch aktiv. er kann nicht nach hause zurückkehren. er studiert nicht. er ist nur mit der politik beschäftigt. eines tages wird er vor hunger sterben. wenn ich tot bin, hat er niemanden. außer seiner mutter. ich bitte seine mutter, sie soll sich um ihn kümmern.›»

du schaust weg.

«und weißt du, was passiert ist? er hat vergessen, uns deine adresse zu geben.»

du schaust wieder weg.

«aber, mutter! wie ist das möglich?»

«es war so!»

du schaust mir fest in die augen.

dann, schnell:

«kurz darauf ist dein vater in teheran gestorben. der dritte herzinfarkt.»

du schweigst eine kurze weile.

«mein ältester sohn ging nach teheran, um im namen meiner familie an der trauerfeier teilzunehmen. und um deine adresse zu bekommen.»

wieder schweigst du. dann stürmst du nach vorne.

«nichts! deine verwandten sagten, sie hätten keine adresse von dir und auch keine telefonnummer. stimmt das?»

«keine telefonnummer. aber eine adresse schon. allerdings bereits eine postfach-adresse.»

«nicht einmal die habe ich bekommen.»

«mutter, warum?»

«aus bosheit!»

dann hysterisch: «aus purer bosheit. das sind hyänen. nur hyänen hindern eine mutter, zu ihrem kind zu kommen.»

ich will dir nicht widersprechen.

du beschwörst.

«mein sohn war sowohl bei der trauerfeier als auch bei dem begräbnis in teheran.»

etwas wie eine schweigeminute für den toten tritt ein.

«als du 1979 nach der revolution zurückgekommen bist, hast du da das grab deines vaters besucht?»

«nein, mutter!»

«warum nicht?»

«als ich damals zurückkehrte, war ich verwirrt. mein hunger nach diesem land. dann die politischen ereignisse, sie waren rasend. gespräche, versammlungen, verhandlungen, demonstrationen.»

du sagst nichts. du schaust mich nur an.

«ich hatte nach seinem grab gefragt. der friedhof liegt außerhalb der stadt. sie wissen, ich habe keinen führerschein, kein auto. ich suchte nach einem freund, der mich dorthin führt.»

«du hast doch viele freunde. hast du keinen gefunden, der dich zum grab deines vaters begleitet?»

«ehrlich gesagt: nein!»

«so!»

«wissen sie, mutter, ich wußte, daß ich an seinem

grab die beherrschung verlieren würde. und ich hatte angst, daß mich dabei niemand richtig verstehen würde. vielleicht eher eine frau. eine geliebte.»

du schaust mich immer noch an, fast wie abwesend.

«ich habe lange gezögert. dann wurde die politische lage ernst, und ich reiste ab.»

«weißt du überhaupt, wo dein vater liegt?»

«ja!»

du schweigst.

«im friedhof beheschtt-e sahra, block 8, reihe 75.»

«und wenn ich sterbe – kommst du wenigstens zu meinem grab?»

«mutter, ich bitte sie!»

«na, bei dir weiß man nicht.»

«mutter...»

«aber du kannst nicht in den iran zurückkehren. und ich habe jetzt nicht vor...»

«mutter, sie dürfen nicht sterben!»

«das liegt in der hand gottes; aber du bist ja gottlos.»

wieder die wegwerfende handbewegung.

«dein vater war gut zu mir.»

dann, ruhiger:

«nach der scheidung nahm mich meine mutter wieder mit in den norden. nach einigen jahren tauchte dann mein jetziger mann auf und bat um meine hand. er wußte, daß ich geschieden war. daß ich fortgejagt worden bin – trotzdem wollte er mich. er ist ein guter ehemann. in den ersten jahren war er eifersüchtig. auf deinen vater.

immer wieder behauptete er, ich liebte nur herrn leutnant. und er schlug mich, rasend vor eifersucht.

eines tages hielt ich es nicht mehr aus. ich rannte aus dem haus und zu seinem vater. dieser war ein ayatollah, sehr geachtet und geschätzt. und er liebte mich; das wußte ich.

er saß im kreis seiner jünger und einer menge, nur männer. alle suchten bei ihm rat – in religiösen, aber auch in weltlichen dingen. er saß in der ecke des zimmers auf dem boden, vor sich den koran aufgeschlagen. er las immer wieder darin und suchte rat.

ich trat ein, grüßte und blieb stehen.

er stand auf, nahm mich in die arme und sagte stolz in die runde:

‹das ist meine schwiegertochter.›

dann gebot er mir, mich neben ihn hinzusetzen.

ich setzte mich und bat um erlaubnis zu sprechen. er nickte. ich sagte laut, er solle den koran schließen und zur seite legen.

anstatt mich anzuschreien, fragte er ruhig nach dem grund.

ich sagte laut, wenn in diesem buch stünde, daß ein ehemann das recht hätte, seine frau zu schlagen, dann sollte mein schwiegervater den koran weglegen.

er schaut mich lange an, forschend. die männer schwiegen.

dann schickte er den diener nach seinem sohn. alles schwieg, bis dieser erschien.

mein mann trat ins zimmer, grüßte und wartete.

sein vater schaute ihn an und sagte gebieterisch: ‹du schlägst nie mehr meine schwiegertochter!›

mein mann senkte den blick und brachte ein ‹ja, vater!› heraus.

mein schwiegervater streichelte mir über den kopf. dann wandte er den blick seinem sohn zu und befahl:

‹nimm deine frau nach hause!›

seit dem tag hat mich mein mann nie mehr geschlagen. er ist ein guter eheman und respektiert mich.»

du spielst wieder mit deinen händen. ich schaue dich nur an.

«bist du müde, mein sohn?»

«ja», sage ich.

«willst du ins bett gehen? es ist spät, und morgen ist auch ein tag gottes.»

«ja, mutter. ich gehe ins bett.»

du stehst auf, räumst die tassen ab und gehst in die küche.

«gute nacht, mein sohn!»

21. märz 1983
ein traum

am 21. märz ist neujahr, das größte fest im iran. in dieser nacht reise ich nach teheran, um meine tante zu besuchen. (in wirklichkeit lebt sie seit jahren in den usa, und ich war seit 1979 nicht mehr in teheran.)

wir sitzen auf ihrem balkon und schauen in die abenddämmerung.

plötzlich fragt sie mich, ob ich weiß, wie mein vater – ihr bruder – gestorben ist?

ich sage, er ist am herzinfarkt gestorben.

sie erzählt mir dann, daß die geschichte mit dem herzinfarkt gelogen ist. sie ist erfunden worden, um mich zu verschonen.

und dann schildert sie den tod meines vaters:

«es war genau am 21. märz 1972, als dein vater selbstmord beging. er wohnte damals nicht weit von mir. an diesem tag erschien er hier mit seiner offizierswaffe in der hand und blut an seiner schläfe. er hatte sich eine kugel in den kopf gejagt, war aber nicht sofort tot. er war von seiner wohnung zu mir gekrochen. blutbeschmiert kroch er die treppe hoch, setzte sich hier zu mir und erzählte, daß er sich aus sorge um seinen sohn eine kugel in den kopf geschossen habe.

er erzählte, der savak – der geheimdienst des schah – setzte ihn unter druck, wegen der aktivitäten seines sohnes im ausland. der savak verlangte, daß er sich öffentlich von seinem sohn distanziere. am schluß konnte er diesen druck nicht mehr aushalten und mußte selbstmord begehen.»

hier schweigt meine tante und weint heftig.

ich stehe auf und umarme sie.

«aber tante, mein vater ist am 1. mai 1972 am herzinfarkt gestorben.»

sie wehrt meine umarmung ab und schreit:

«was weißt du denn von deinem vater?»

am tag darauf frühstücken wir alleine, mutter und ich.

wir sitzen uns gegenüber. ich rede viel. du bist einsilbig.

jemand klopft an die tür.

«das muß herr kaviani sein, ein alter freund unserer familie. er ist hier zu besuch bei seinem sohn und wohnt nur einige häuser weiter.»

ich öffne die tür. ein schöner alter mann. das gesicht voller falten und sehr freundlich. dichtes weißes haar. ich grüße und bitte ihn herein. er grüßt dich herzlich und setzt sich.

du machst anstalten, aufzustehen. ich komme dir zuvor.

«ich mache den tee.»

deine handbewegung in meine richtung. liebevoll, zustimmend.

beim tee sitze ich dir gegenüber. kaviani zwischen uns.

er erzählt schöne geschichten, «von der heimat», wie er sagt. seine sprache ist bilderreich, lebendig.

plötzlich hält er inne. er dreht den kopf zu dir, dann zu mir und wieder zu dir. er deutet mit der hand in meine richtung. «wer ist dieser herr?» dabei schaut er mich an, liebevoll.

ich schaue zu dir.

du sitzt auf deinem sessel, beide hände auf den lehnen ausgestreckt, wie erstarrt. du schaust mich nur an. wie eine liebende, beinahe. wartend. erwartend.

«ich bin der sohn.»

«aber...», sein kopf bewegt sich rasch zwischen dir und mir. «aber, ich kenne alle söhne und auch den vater.»

du schaust mich immer noch an. stumm. suchend.

«ich bin der sohn aus der ersten ehe.»

kaviani schaut dich fragend an.

«sie waren...»

jetz brauche ich dich nicht mehr anzuschauen.

«meine mutter war in erster ehe mit meinem vater verheiratet.»

der alte blüht auf.

«so, so. sie sind der sohn. willkommen! willkommen! leben sie hier in kanada?»

«nein, ich lebe in europa. ich bin hier, um meine mutter zu besuchen.»

kaviani strahlt.

«willkommen! willkommen! ich achte treue söhne sehr, die ihre mutter besuchen kommen.»

ich schaue hinüber zu dir.

du nickst mir zu. dieses stumme ja-wort.

erst jetzt drehst du den kopf zu kaviani und lächelst.

dann wieder zu mir. um dich auszuruhen, bei mir.

ich stehe auf, um ins bad zu gehen.

deine ausgestreckte hand auf der lehne.

ich ergreife sie. du antwortest. wir drücken uns die hände. du lächelst mich an. das einzige mal, seit wir zusammen sind.

ein freund

ich rufe gholam an. er ist nicht zuhause. ich hinterlasse eine nachricht auf dem anrufbeantworter.

später ruft er zurück. er wolle mit mir essen gehen und hole mich hier ab.

amir bemerkt, daß gholam zwei stunden fahren muß, um hierher zu kommen.

als gholam erscheint, hat er blumen für dich. er wußte um unsere geschichte; die diaspora ist eng.

er überreicht dir die blumen, ohne dir die hand hinzustrecken – aus respekt vor deinen religiösen gefühlen. ich schalte mich ein:

«du kannst meiner mutter die hand reichen.»

du machst einen tee. der smalltalk auf persisch dauert eine halbe stunde. dann fragt gholam sehr höflich, ob er mich zum essen ausführen darf.

du antwortest: «aber bringen sie mir meinen sohn zurück!»

beim abendessen erzähle ich gholam von unserer geschichte. wir sprechen auch von gemeinsamen freunden und vergangenen zeiten.

um 1 uhr in der früh bringt er mich nach hause.

du sitzt allein und wartest – ohne fernsehen.

kaum, daß ich dich grüße, fragst du: «ist das ein guter freund?»

«wissen sie mutter, wir haben uns heute zum ersten mal gesehen.»

«zum ersten mal? er fährt zwei stunden hierher,

zwei stunden zurück und fährt dich dann auch in die stadt, um mit dir zu essen? er ist heute sechs stunden unterwegs gewesen wegen dir. was sind das für freundschaften?»

«wir haben uns nie gesehen. gholam war einer der alten kampfgefährten gegen den schah. er studierte in indien. als der schah indien besuchte, organisierte er dort protestaktionen. er wurde verhaftet und sollte in den iran abgeschoben werden.

damals habe ich aktionen geleitet zu seinen gunsten, auf internationaler ebene. schließlich hat die indische regierung eingelenkt, und gholam mußte das land verlassen. dann ist er in toronto gelandet. unsere freundschaft beginnt also mit seinem abschiebungsbefehl.»

«wann war denn das?»

«1973!»

eine pause tritt ein, du streichelst wieder deine hand.

«ich kenne euch nicht. dich auch nicht. aber solche freundschaften sind beinahe heilig. achte auf sie. solche freunde bekommst du nie mehr im leben. dein bruder, der im anderen zimmer schläft, könnte dich umlegen wegen eines grundstücks oder wegen geld oder was weiß ich.»

«mutter, geld hat zwischen uns nie eine rolle gespielt. daher sind solche freundschaften weniger gefährdet. was wäre ich ohne solche freunde?»

«ich weiß es nicht. ich verstehe es nicht. ihr seid fast wie aus einer anderen welt. aus einer vergangenen welt. wie dinosaurier. achte auf deine freunde!»

deine hände.

ich kannte sie nicht. ich habe sie nur einmal gedrückt.

unsere hände. mit der zeit mutiger geworden. zuweilen berührten sie sich. immer im beisein der anderen, der fremden. inmitten eines gespräches, wie zufällig. wie wenn du bestätigung suchen würdest. dann rasch den kopf wegdrehen. zur seite. zu einem gast. zum fernsehen. zur not auch zum fenster. nie berührten sich unsere hände und unsere blicke zur selben zeit.

nur einmal, als kaviani jene frage stellte.

gestreichelt werden. das vermochte niemand. du nicht. ich nicht.

dein haar.

am ersten tag roch ich daran.

der geruch von feldblumen. der geruch von kleinen leuten aus der provinz.

dichtes, kräftiges haar. meist unter dem kopftuch versteckt.

einmal, in unserer nacht, sprachst du schön von deinem haar: «damals hatte ich langes schwarzes haar.»

und einmal hast du das haar gewaschen.

du saßt mir gegenüber, mit naßem haar.

mit naßem, offenem haar. das einzige mal, daß du dein haar offen trugst.

ich hätte es gerne getrocknet und gekämmt.

deine füße.

ich habe sie oft nackt gesehen. du läufst gerne barfuß.

kräftige füße. nicht gerade zierlich. aber ich mochte sie.

deine knie.

einmal habe ich sie erblickt. dein rock war hochgerutscht.

deine knie. dick, angeschwollen, unansehnlich.

ich mochte sie nicht.

ich, der ich knie liebe.

dein körper.

untersetzt. leicht gebückt. wie meiner.
er hat mich nie gereizt.

dein lächeln.

dieses gab es nicht.
du hast nie gelächelt.

einladung zu einer tasse tee.

damit wir spazieren gehen, alleine. du und ich. in einem café sitzen, plaudern. nur wir zwei. außerhalb dieser engen wohnung.

«wozu? ich bin hier, um dich zu sehen. das da draußen interessiert mich nicht.»

kein einziges mal hast du die wohnung verlassen, in drei wochen.

briefe.

während der zeit mit dir bekam ich viel post. viele telefongespräche.

freunde, die von dir wußten. die besorgt waren um dich, um uns.

«du bekommst viel post, viele anrufe. bringt das ganze auch geld?»

«nein, mutter! das ganze bringt kein geld.»

«so!»

eine dame.

«eine dame hat angerufen, aus paris.»

«danke, mutter. ich rufe sie gleich zurück.»

danach sitzen wir alleine im wohnzimmer. ich warte auf die frage. sie läßt auf sich warten, eine ganze weile.

«wer ist diese dame?»

«eine schöne frau!»

«und was geht dich ihre schönheit an?»

das ist jetzt die stunde, denke ich.

«ich genieße ihre schönheit!»

«so! aus der ferne?»

«ich besuche sie. und sie besucht mich auch.»

«lebt sie alleine in paris?»

«nein! ihre eltern sind auch dort, seit der revolution. sie hat aber eine eigene wohnung.»

«und du besuchst sie in ihrer wohnung?»
«ja!»
«und du schläfst in ihrer wohnung?»
«ja!»
«und ihre eltern sagen nichts?»
«mir haben sie nie etwas gesagt.»
«und du besuchst auch die eltern?»
«ja!»
«hast du überhaupt kein schamgefühl?»
«warum sollte ich schamgefühle haben?»
«du schläfst im bett ihrer tochter und hast noch das gesicht, ihre eltern zu besuchen?»
«ja!»
«weißt du, wie das heißt, was du tust?»
«nein, mutter!»
«hurerei! du bist verderbt und schamlos.»
dann die vertraute wegwerfende handbewegung.
«hast du vor, sie zu heiraten?»
«weiß ich nicht. es kommt auf sie an.»
«du bist verderbt, schamlos und verwestlicht.»

meine bücher.

ich hatte azade gebeten, alles, was sie von mir ins persische übersetzt hatte und was in der exilpresse erschienen war, hierher zu schicken – für dich.

«mutter, das sind teile meiner werke, die ins

persische übersetzt sind. darf ich sie ihnen schenken?»

du nimmst sie wortlos und gehst ins schlafzimmer.

ich folge dir. du verstaust sie in deinen koffer, ganz unten. der koffer wird verschlossen.

«ich werde sie lesen. in ruhe. wenn ich wieder alleine bin.»

du hast kein wort gesprochen, über meine bücher. nie.

ein videoabend.

eines abends schlägst du vor, wir sollten die videokassetten von der hochzeit deines dritten sohnes anschauen. ich kenne die iranische krankheit. jede hochzeit, jede kleine feier wird aufgezeichnet

und dem besonderen gast aufgedrängt.

amir holt die kassetten. die anzahl erschreckt mich.

«wie lange dauern die aufnahmen?»

«drei stunden.»

während amir mit dem videogerät beschäftigt ist, frage ich, ob wir alle kassetten anschauen müssen.

«das ist die hochzeit deines bruders. du mußt wissen, wir haben 200 gäste eingeladen. das hat ein vermögen gekostet. und wir haben einen profi aus teheran engagiert für die videoaufnahmen.

er arbeitet beim iranischen nationalfernsehen. das mußt du sehen.»

der garten deines hauses. er beherbergt die 200 gäste mit leichtigkeit. der profi aus teheran zielt auf jeden gast. nahaufnahme, profil und zoom. als ginge es darum, von jedem gast ein porträt zu entwerfen, für das iranische fernsehen. bei jedem gast erfahre ich, in welchem grad der verwandtschaft er zu mir steht. der profi aus teheran zeigt die tafel.

«mutter, haben sie das alles selber gekocht?»

«bist du verrückt? wir haben fünf köche engagiert. aber schau lieber zu!»

nach etwa einer stunde erscheint endlich das brautpaar.

die braut: ohne schleier, stark geschminkt und goldbehangen. im hause eines mullahs. in der islamischen republik.

das brautpaar schreitet mit dem einschlägigen iranischen imperialgehabe im garten einher.

dein mann in großaufnahme. ein gutes gesicht.

«das ist die hochzeit meines sohnes», erklärt er mit tränen in den augen.

der profi aus teheran hakt in bekannter journalistenmanier nach:

«freuen sie sich als vater?»

der vater antwortet staatsmännisch, daß er sich freue.

nirgends du. einmal, flüchtig, und schon winkst du gebieterisch ab.

«mutter, warum wollten sie nicht im bild sein?»

«wozu? das ist die hochzeit meines sohnes, nicht meine. schau lieber zu.»

ich schaue zu. ohne dich zu berühren.

der abflug.

wieder eine verschwörung mit amir.

«ich flehe dich an. mutter darf nicht zum flughafen kommen. ich ertrage solche abschiedsszenen nicht – und schon gar nicht am flughafen.»

amir erschrickt: «das wird schwierig sein.»

«du schaffst es.»

er schaffte es.

ich verabschiede mich von dir in der wohnung.

«mutter, wir sehen uns wieder.»

«ja, mein sohn. ich komme dich besuchen.»

ich nehme dich in die arme. wir küssen uns auf die wangen. gesittet, freundlich.

amir bringt mich zum flughafen.

«es war diesmal verdammt schwer. sie wollte unbedingt zum flughafen kommen.»

«aber du hast es geschafft. ich danke dir.»

«ach was! wann kommen sie wieder nach kanada?»

«ich weiß es nicht.»

wir umarmen uns. ich bin nicht überzeugt, daß ich ihn wiedersehe.

vom transitraum rufe ich dich an.

daß es mich sehr gefreut hat, meine mutter kennengelernt zu haben.

du antwortest ähnliches.

wie zwei menschen, die sich, zufällig, auf einer reise kennengelernt haben.

epilog zu einer verlorenen mutter

heute, wenn ich diese zeilen schreibe, sind 10 jahre vergangen – seit unserer letzten begegnung.

in diesen jahren habe ich das manuskript nicht angeschaut, nicht angerührt.

aber jetzt will ich dieses kapitel meines lebens abschließen – auch dieses kapitel.

in den vergangenen 10 jahren habe ich mich oft gefragt, warum ich dich nicht angerührt habe,

den rapport über dich?

heute kenne ich den grund: ich hatte angst vor diesem abschied.

denn ich wußte: dieses buch bedeutet den abschied von einer mutter, die ich kaum kennengelernt habe.

heute weiß ich mehr.

dies bedeutet noch einen anderen abschied, den ich immer wieder hinausgeschoben habe. der abschied von einem land, das sich mein vaterland nennt, das ich – trotz alledem – noch als mein land bezeichne.

ein abschied von dir und von meinem land.

beide habe ich geliebt, auf meine weise.

beide wurden mir mit der zeit unzugänglich gemacht.

durch die geschichte. aber auch durch die biographische entwicklung – als ob letztere von der geschichte unberührt bleiben könnte.

diese lieben ähneln sich. beide ohne korpus, ohne den jede liebe verwelkt.

deinen korpus habe ich nie berührt. diesen berührt man nur in der kindheit.

den korpus des landes habe ich durch die jahre des exils verloren. er ist zerronnen durch meine finger, die die zeit festhalten wollten.

was bleibt, ist die suche.

nach einer neuen liebe? nach einem anderen land? nach einem unschuldigen land? mit unfertigen ufern?

zum ersten mal meldete sich die wehmut des abschieds in toronto.

an einem morgen hast du von deinem sommerhaus erzählt. im norden, praktisch mitten im wald, auf einem berg. du erzähltest in lebendigen bildern von einer holzveranda. hier sitzt du immer, umringt von deiner familie, und schaust in den wald.

am nachmittag ging ich alleine spazieren. da habe ich mir vorgestellt, wir sitzen zusammen auf der holzveranda. wir sprechen nicht. wir müssen nicht sprechen. wir trinken tee und schweigen. wir schauen in den wald. kein zwang mehr zwischen uns. und wenn besucher kommen – und sie kommen immer –, dann erzählst du stolz:

«das ist mein sohn, der nach 30 jahren aus dem exil zurückgekehrt ist, zu mir zurückgekehrt ist.» dabei fing ich an zu schluchzen – mitten auf einer belebten straße in toronto –, ohne dich.

das einzige mal, daß ich in toronto geweint habe. denn ich hatte mir vorgenommen, in deinem beisein nicht zu weinen.

so wie du dir vorgenommen hattest, in meinem beisein nicht zu weinen.

als ich nach deutschland zurückkam, schrieb ich dir briefe. ich erzählte dir, daß meine deutschen freunde möglichkeiten gefunden haben, für dich ein visum zu besorgen.

erinnerst du dich an das zauberwort *visum*?

aber du schwiegst; keine briefe, keine anrufe, kein zeichen.

ich schrieb wieder, immer wieder. und erinnerte dich vor allem an dein versprechen.

ich wollte dein foto haben, jenes auf dem zeugnis der mittleren reife.

ich wollte meine mutter sehen, kurz vor ihrer hochzeit.

aber du schwiegst.

mit der zeit wurde dieses foto zum einzigen realen inhalt meiner briefe. der rest nur füllwörter:

«mir geht es gut, ich habe keine magenprobleme, und ich hoffe, sie haben keine schmerzen in den beinen ...»

mit jedem brief wurde ich pathetischer. ich kenne inzwischen deine schwäche dafür. am schluß standen dort sätze wie:

«liebe mutter, glauben sie denn nicht, daß ein sohn das recht auf das foto seiner mutter hat?»

dann kam ein nichtssagender brief, mit jenem foto.

ein junges mädchen in halbprofil. langes, schwarzes haar. scheuer blick. ein verbitterter mund. in der uniform der mädchenschule. mit dem obligatorischen weißen überkragen, den unsere mütter anfertigten und mit druckknopf am kragen anbrachten. dieser weiße überkragen wurde jeden morgen in der schule überprüft. die insignien der sauberkeit. wir buben bekamen bastonade oder linealschläge auf die ausgestreckte hand, wenn der überkragen nicht blütenweiß war.

habt ihr mädchen auch prügel bekommen?

ich stellte dein foto neben meins, im alter von vier mit läuseschnitt.

und schaute uns beide an.

die nase und der blick verraten eine gewisse gemeinsamkeit. überhaupt die ähnlichkeiten. die verbitterung um den mund, die art des lächelns, die kleine statur, die gebückte haltung im sitzen, die kurzen schritte, die hastige art des sprechens und dein von mir geliebtes nuscheln.

heute weiß ich nicht, ob diese ähnlichkeiten uns näherbrachten oder mehr entfremdeten.

ich weiß nur, daß ich zu viele abschiede nehme.

zuerst von dir. denn seit jenem brief mit dem geliebten foto hast du konsequent geschwiegen – seit nunmehr 9 jahren.

es ist offensichtlich: ich habe dir nicht gefallen.

hätte ich – angenommen, ich wäre nicht dein sohn – um die hand deiner tochter gebeten, hättest du schroff abgelehnt. ich wäre keine gute partie für deine tochter. kein geld. kein haus. kein auto. kein fernsehen. nach jahrzehntelangem aufenthalt in europa, im eldorado.

und ich muß gestehen, ich kann dich verstehen.

also nehme ich abschied von dir.

dieses jahr 2000 war voller abschiede, schmerzhafter.

erst verabschiedete sich meine geliebte.

das war der erste abschied. monatelang verstand ich nichts, schon gar nicht mich. ich versuchte es dennoch. eines abends ging ich um 21 uhr ins bett und schluchzte bis 4 uhr in der früh. dann fiel ich in den schlaf. als ich aufwachte, war die welt leichter – ich hatte ballast abgeworfen.

dann kam post, von einer guten freundin; ein gedicht von rilke:

«... es handelt sich darum, alles zu leben.
wenn man die fragen lebt,
lebt man vielleicht allmählich,
ohne es zu merken,
eines fremden tages
in die antworten hinein.»

danach erklärte ich meine hände für unverletzbar und habe mir vorgenommen, alles nur zu genießen; keine liebe mehr.

dann doch der nächste abschied.

ahmad schamlu, der größte iranische lyriker, starb.

schamlus gedichte begleiteten und formten meine jugend. ich liebte sie und habe sie teilweise übersetzt:

> «nie habe ich den tod gefürchtet.
> obwohl seine hände spröder sind
> als die banalität des alltäglichen.
> ich fürchte nur
> das sterben in einem land,
> in dem der lohn des totengräbers
> größer ist
> als die freiheit.»

er ging scharf mit unserem land um. am ende seines lebens noch kompromißloser:

> «mein tod ist keine reise,
> ein exil nur
> von einer heimat, die ich nicht liebte
> wegen ihrer menschen.»

er liebte den iran abgöttisch. und war auch nicht bereit, das land zu verlassen, selbst nachdem die mullahs die macht ergriffen haben. er liebte unser land auf seine klare weise, auf seine eigene weise.

vaterländer kann man nur so lieben, sonst mutieren sie zu einem moloch und zertrampeln alles schöne.

dabei denke ich an jenen spruch eines anderen iranischen lyrikers:

«der iran hat schöne wüsten, köstliche speisen, liebevolle mütter und miserable intellektuelle.»

hat er recht? das mußt du wissen. du hast ja eine mutter gehabt.

doch zurück zu schamlu. nie konnte ich mir den iran vorstellen ohne schamlu und seine gedichte. mit seinem tod starb auch etwas von jenem land in mir.

es folgte noch ein abschied.

eine woche nach schamlu starb baba-schazad, der mann meiner tante. eben die, die du nicht mochtest und verfluchtest. er begleitete meine kindheit, da mein vater oft abwesend war. bis zum schluß nannte ich ihn baba, vater. mit seinem tod verlor ich noch ein stück von jenem land. sein haus in teheran war immer auch mein zuhause. jetzt ist das haus leer. mit seinem tod bin ich zurückgeworfen worden. auf meine zerrissene kindheit. zerrissen ohne dich.

dann folgte der schwerste abschied.

yahya ist plötzlich gestorben, ein straßenbahnunfall. wir waren seit dem 20. november 1965, dem zweiten tag meiner ankunft in deutschland, befreundet. mit seiner frau und seinen kindern war ich eng verbunden. wiederholt sagte er zu mir:

«du hast ja niemanden; wir sind deine familie.»

er hatte recht.

als wir wieder einmal über eine eventuelle rückkehr in den iran sprachen, sagte ich, daß ich nicht einmal ein haus kenne in teheran, das ich meins nennen könnte.

er sagte darauf, er und seine frau hätten eine wohnung in teheran, ich solle diese als meine bezeichnen.

nun ist auch er weg. noch ein stück weniger heimat.

zu viele abschiede in so kurzer zeit.

nun kommt der abschied von dir.

ich will eines klarstellen.

du hast ihn herbeigerufen, mit deinem jahrelangen schweigen.

ich vollziehe den abschied nur.

doch erst zurück zu unserem anfang.

was hatte ich nun erfahren, in den drei wochen mit dir, in toronto?

eine menge details, rührende; vielleicht auch wichtige. aber kein gebäude. kein dach für deine zusammengewürfelten details.

deine theorie von hyänen reicht nicht aus. sie ist eine glänzende fassade. ein fluch – nichts für ein hungriges kind. eine fassade aus zittriger stimme, anklagenden details mit pathetischen ausbrüchen.

chronologisch durchdacht, auf das kind abgestimmt.

warum sonst hast du meinen vater aus der kolonie der hyänen herausgenommen? warum sollte er unschuldig bleiben an eurer gescheiterten liebe? war es überhaupt eine liebe? konntet ihr euch so einen luxus leisten? damals?

mein vater wurde von dir geschont. nur seine schwäche gegen frauen hast du ihm attestiert. hast du geahnt, daß ich ihn abgöttisch geliebt hatte – in meinen kinderjahren? so viel mutter warst du schon.

du hast ihn geschont, um es dir mit mir nicht zu verderben. was zu verderben? was ist es, was zwischen uns ist? was uns verbindet – oder trennt?

hast du mich ein einziges mal gefragt, was mir dieser vater bedeutete? wie ich ihn geliebt habe, wie lange, und wann der bruch kam?

ich war 17 jahre alt, und in deutschland, in der fremde. er wollte es so:

«die deutschen bauen die besten brücken der welt».

also ab nach deutschland.

«mein sohn wird bauingenieur werden.»

dann kam die studentenrevolte.

sie berührte mich, tröstete mich und gab mir einen halt – endlich.

ich las, las und las; alles.

berauscht von dieser deutschen sprache. sie wurde nun meine sprache. die sprache der freiheit, meiner freiheit. ich wollte deutsche literatur studieren. er wollte es nicht. ich sollte ingenieur werden; die zukunft gehört der technik.

ich wollte es nicht. ich hasse zahlen, bis heute. ich wollte meinen weg gehen, mit 17! wie schön das war. die große revolte ließ nichts anderes zu.

er, mein vater, verschaffte mir ein stipendium, ein staatliches. ich sollte auf kosten des iranischen staates ingenieur werden. keine bedingungen – hieß es. ich sollte nur nach dem abschluß des studiums für den staat, für den iranischen, arbeiten.

ich lehnte ab. ich kannte diese art der stipendien. ich wußte, der stipendiat mußte sich monatlich bei dem iranischen generalkonsulat melden und rapportieren. erst über seine studien, dann über die kommilitonen – die iranischen natürlich. ich kannte mehrere stipendiaten, die auf diese weise unversehens informanten des geheimdienstes wurden. ich lehnte jeden kontakt mit dem schah-regime ab, also auch das stipendium.

er reagierte wie alle väter. er drohte mir das monatliche geld zu verweigern. er zahle nicht für literatur, dazu noch die deutsche; am ende der literatur stehe immer der hunger.

ich, hilfsarbeiter in einer fabrik. und verdiente geld, mein geld. ich reagierte wie alle söhne und schrieb ihm meine meinung – aus dem hinterhalt jener rebellischen zeit.

er habe meine mutter geschwängert, mich erzeugt. also solle er gefälligst zahlen. ich könne nichts dafür, daß er für diese nacht keinen pariser benützt habe, für eine schöne ficknacht.

er, der vater, war schockiert und traurig. sein sohn ein hilfsarbeiter. er schickte wieder geld und liebevolle briefe. der brüchige gott trug bereits risse.

dann kam er nach paris. beruflich, wie er schrieb. ich besuchte ihn dort. ich wollte nicht, daß er mich hier in deutschland besucht. er sollte nichts sehen von der rebellischen zeit und ihren spuren.

als erstes drückte er mir einige geldscheine in die hand.

«damit mein sohn geld in der tasche hat.»

hier, in paris, erfuhr ich, aus welchem grund er in frankreich war.

er war bereits pensioniert und hatte wie fast alle pensionierten offiziere eine neue tätigkeit bei der armee gefunden. er, mein vater, war betreuer und verantwortlich für die stipendiaten der marine seiner majestät, die im ausland studierten.

in meinem beisein, schließlich war ich der sohn, telefonierte er mit dem iranischen militärattaché in paris. er beruhigte den general. der stipendiat x sei gar kein kommunist. er, mein vater, habe mehrere gespräche mit ihm geführt und sich überzeugt, der stipendiat sei ein patriot und seine kontakte zu einigen kommunistischen studenten seien nur oberflächlich und im pariser studentenmilieu unvermeidlich. er, mein vater, war ja so konziliant.

dann, eines tages, als wir auf den champs elyseés spazierten, blieb er vor dem büro der iran-air stehen. er nahm sanft meinen arm und sagte:

«komm, wir wollen gemeinsam nach hause fliegen.»

er war also gekommen, um mich mitzunehmen. nach hause. einfach so. wie immer mit seiner liebenswürdigen miene und in sanftem ton.

ich widerstand, die revolte im nacken. ich wähnte alle studenten der welt hinter mir, im juni 1968.

ich widerstand, bis er aufgab. es war nicht schwer.

ich erklärte ihm geradeheraus, ich kehrte nicht zurück in ein land mit einer faschistischen diktatur. und bevor er reagieren konnte, fügte ich hinzu, ich verzichtete ausdrücklich auf seine intervention beim geheimdienst zu meinen gunsten. es sei eine frage der würde. nach diesem letzen satz sagte er nichts mehr und senkte den blick.

damals wußte ich nicht, daß er zwei herzinfarkte überstanden hatte und vom geheimdienst unter druck gesetzt wurde. er sollte «meinen fall» auf seine weise lösen – auf familiärer basis.

dann lud ich ihn zu einer tasse kaffee ein. von seinem geld.

er folgte mir ins café, stumm.

ich fragte ihn direkt, was damals gewesen sei, zwischen euch. ich war 21, er 47. sein sanfter ton widerte mich an. er rollte die augen, natürlich voller tränen. nach oben, dann nach unten. erst links, dann wieder rechts – nur weg von mir.

«weißt du, wir waren sehr jung, deine mutter und ich. so unerfahren.»

und dann jene suada aller eltern, über die zeit, über die widrigen umstände.

schließlich fragte ich ihn noch, ob es stimme, daß er nach meiner geburt nach teheran telegraphiert hatte (zu der zeit kämpfte er als offizier gegen die kurden), man solle das kind ins waisenhaus geben. und, um das gefühl des triumphes voll auszukosten, fügte ich hinzu, daß ich das von meiner großmutter wußte. von seiner mutter, die er ewig gegen mich verteidigte.

er sagte, es sei nur eine lüge.

dann folgte das augenrollen – nach allen seiten, nur weg von mir. bis ich erbarmen hatte.

alles war nun gesagt. und doch sagte er nichts.

wie du in toronto.

mit einem unterschied. ich fragte ihn, meinen vater, zum ersten mal in meinem leben, offen, frontal. über allen widerlichen sanftmut hinweg. im stil der zeit und der revolte.

aber dich? kann ich dich offen fragen, frontal angreifen?

wolfgang, mein alter freund, hatte mich vor der abreise ausdrücklich gewarnt, ich solle die mutter nicht mit fragen durchbohren, in die enge treiben, ich solle ihr luft lassen zum erzählen.

das lügengebäude als halt. darf man einem menschen – zumal einer mutter –

diesen letzten halt nehmen?

und du, du hast dir alles zurecht gelegt, wahrscheinlich.

deine geschichte, von dir erzählt, war abgerundet, bot keine angriffsfläche.

natürlich war ich berührt von der geschichte. aber wem nützt sie?

nur dir.

du hast dich entschuldet, gesäubert. du bist nach toronto gekommen, um mir zu erzählen, daß du dein kind nicht verlassen hast. die hyänen hätten es dir weggenommen.

du hast dich benommen wie jemand, der in abwesenheit verurteilt wurde. und jetzt, nach 40 jahren, hat dieser jemand die gelegenheit, sich zu verteidigen. mit fakten, die niemand kennt und niemand nachprüfen kann außer diesem jemand selbst. du hast dich verhalten wie eine angeklagte, der es darum geht, die anklage ad absurdum zu führen. nicht punkt um punkt, wie ein erfahrener jurist. sondern mit herz und schmerz, wie eine gute mutter eben.

du hast erzählt – viel und kontrolliert. wie ein soldat, der nach der rückkehr aus der gefangenschaft von der verlorenen schlacht rapportiert. um sich posthum zu entschulden.

vielleicht wußtest du auch nicht viel zu erzählen. wie ein mörder, ein vergewaltiger, der sich an seine tat nicht mehr erinnert, nicht erinnern kann.

und ich?

keinen raum für gefühle – so lautete der innere beschluß –, bis die fakten zusammengetragen sind. ich sitze hier und schlucke, jedes wort. ich darf nichts vergessen, nichts.

für meinen rapport. an mich selbst.

und du hast gewonnen. du bist rehabilitiert. aber als mutter, als mutter hast du versagt. nicht weil du nichts erzählt hast. sondern weil du nichts gefragt hast.

hast du mir eine einzige frage gestellt, über meine kindheit?

ob ich dich in jenen nächten vermißt habe?

wie ich in der schule behandelt wurde, von den anderen kindern, die eine mutter hatten? kinder können grausam sein; weißt du das? besonders dort bei uns. wo auch die erwachsenen grausam sind, nicht nur in der regierung.

meine kusine zum beispiel. fünf jahre jünger als ich, also keine brauchbare spielgefährtin. wenn ich sie links liegen ließ, bei bestimmten spielen, dann schrie sie hysterisch beim kinderstreit:

«deine mutter ist tot, tot!»

du warst auch tot. abwesend.

hast du mich gefragt, wie ich mich fühlte, wenn ich jedes mal um die hand meiner tante bettelte, wenn wir auf die straße gingen? sie hatte nie eine freie hand, denn sie hatte zwei eigene kinder. die hatten das recht auf ihre hand, ich nur die gnade. dennoch, sie schenkte mir oft ihre hand. und erzählte ihren kindern vor meinen augen, ich hätte ihre hand nötiger, denn ich hätte keine mutter. sie schenkte mir oft die hand, einem muttersohn ohne mutter.

ich war verwöhnt und verwahrlost zugleich. also vereinsamt. in einer schmalen und amorphen kindheit, ohne dich. dieser kampf dauerte bis zur pubertät.

dann lehnte ich jede hand ab. ich brauchte jetzt keine hand, von keiner tante, von keiner kostmutter.

hast du mich je gefragt, wie ich meine kindheit verbracht habe, mit jener schrecklichen großmutter? von der du heute nichts erzählst, weil sie ja eine hyäne ist. obwohl ich ahne, sie war deine hauptgegnerin in meiner familie. selbst mein vater deutete es einmal an. damals in paris, mit rollenden augen.

eine großmutter, die mich so abgöttisch liebte, daß sie mir alles verbot. bis auf steaks. saftige steaks und blutige sauberkeit.

bis zum 9. lebensjahr nahm sie mich mit ins öffentliche bad. dann schrubbte sie mich sauber, rabiat und genau. kein einziger millimeter meiner haut wurde ausgelassen. sie schrubbte mich gründlich. so gründlich wie ich sie dabei haßte – und nicht nur dabei.

zu hause angekommen – die ganze haut angerötet – wurde ich oft von meiner tante getröstet. sie mußte mich nur in die arme nehmen, und das genügte. dann, in der nacht, weinte ich gegen diese erniedrigung, gegen die sauberkeit.

irgendwann entschied der bademeister, der junge sei nun mannbar; er solle fortan mit seinem vater kommen. und ich war glücklich. wieder eine stunde mehr mit dem vater.

er bestellte einen bademeister, der uns beide schrubbte. er, mein vater, ermahnte den bademeister, dieser solle mich nicht so hart schrubben; er war ja sanft.

derweil verbot großmutter alles, weil sie mich liebte. ich könnte verletzt werden, beim geliebten fußball. ich könnte verführt werden, von meinen schlechten freunden. ach, ja, schlechte freunde. mir blieb nichts, oft nichts, außer einsamkeit und haß. auf dich – weil du abwesend warst.

auf meinen vater – weil er mich zu oft allein ließ. und im streitfall immer seine mutter verteidigte, nie mich. er war ja so schwach gegen frauen, sagtest du.

haß und ablehnung auf alles, was mich umgab. bis auf bücher. die waren erlaubt; der junge sollte sich bilden.

die großmutter verstand nichts von büchern, konnte also nichts verbieten. also hetzte sie den vater auf meine lektüren. eines tages entdeckte er kafka bei mir, «die verwandlung». und kafka wurde verbannt.

ich war dreizehn jahre alt und wußte, daß der erste kafka-übersetzer selbstmord begangen hatte, vereinsamt und verbittert, in paris. und kafkas bücher galten als beweismaterial beim geheimdienst dafür, daß der leser bereits auf dem wege zur subversiven tätigkeit ist. auch die militärgerichte – zuständig für politische delikte – wußten, daß kafka schädlich ist. alle wußten es. außer mir. und niemand konnte oder wollte es mir erklären.

das alles genügte nicht. mein vater mußte die billige legende der offiziellen presse wiederholen, daß kafkaleser selbstmordkandidaten sind. wohl weil sie dem beispiel seines übersetzers folgen würden.

auch das erklärte mir niemand. ich verlor kafka.

noch mehr ablehnung, ich nannte sie damals haß.

hättest du mich in schutz nehmen können, gegen diesen haß?

du? mit deinem trotz, mit deinem seltsamen stolz, mit deiner einfalt und verbitterung?

hättest du mich in schutz nehmen können? gegen die einsamkeit? gegen die fremde, die schon damals in mir wucherte? in dem verwöhnten, verwahrlosten kind?

eine kindheit ohne spielgefährten, ohne mutter, mit viel einsamkeit. und noch mehr haß – diese mutter aller exile. meiner späteren exile, mit denen ich im laufe der jahre verwachsen bin. manchmal will ich denken, du bist die mutter aller exile, meiner exile. du bist mein erstes exil. es folgten zwei andere – bis jetzt. einmal vor dem schah. dann vor chomeini.

du bist das erste exil. so etwas bleibt einem haften. wie ein buckel. wie ein muttermal.

hast du je eine frage gestellt über das exil? weißt du, was das ist?

hast du je darüber nachgedacht, daß ich – dein sohn – jetzt schon 35 jahre im exil bin?

und immer ohne dich? und nur 17 jahre zu hause, auch ohne dich?

hast du mich je gefragt, ob ich heimweh habe?

und wie dieses gefühl aussieht, konkret?

und ob dieses gefühl auch inzwischen ausgefranst ist? um zu einem fluch zu mutieren?

einmal besuchte dich ein freund in meinem auftrag, in deiner gegend, in deinem dorf. in der zeit zwischen deinem anruf und meinem besuch in toronto. in der zeit, als du existiertest, und ich dich immer noch nicht kannte. du sollst ihn gefragt haben, was ich für wünsche hätte. er hat dir erzählt, daß ich gerne iranische kerzen hätte. weil ich fest davon überzeugt sei, daß sie schöner brennen.

als er mich in münchen besuchte, brachte er eine große packung iranischer kerzen mit, von dir. hast du gelacht, als du diesen unschuldigen wunsch hörtest, gelächelt?

aber nein, du lächelst ja nie!

hast du dich am kopf gefaßt und hysterisch geschrien:

«mein sohn ist verrückt geworden, er will iranische kerzen, mitten in europa!»

du mußt doch irgend etwas gedacht haben?

kindisch?

ja, kindisch!

weißt du denn nicht – immer noch nicht –, daß exil viel mit der kindheit zu tun hat? mit ihrer grundlosen illusion? mit ihrer kraftvollen naivität?

begreifst du denn immer noch nichts, nachdem wir uns drei wochen lang berochen, beschnuppert, besprochen – aber nicht berührt haben?

sagst du immer noch verächtlich «kindisch!»?

nur kinder bleiben im exil – erwachsene nie.

sie passen sich an – dank ihrer rationalen fähigkeiten. sie kaufen autos, fernsehgeräte, videos, anrufbeantworter und sprechen dämliche sätze darauf. sie werden mitglieder beim adac und in squash-clubs, fliegen nach mallorca und rimini. sie haben haftpflicht-, hausrat- und lebensversicherungen und bausparverträge. sie kennen neckermann, otto und quelle. und mehrwertsteuer.

begreifest du denn immer noch nicht?

und wenn ich fest und stur behaupte, diese kerzen spenden ein anderes licht?

ein licht, das du täglich hast, in deinem scheiß-dorf. in dem kleinen, inzwischen sicherlich verbetonierten dorf. voller dallas, videos und lügen. dieses dorf, das du stolz deine heimat nennst. was brauchst du eine heimat? hast du mich mit dieser heimat je in verbindung gebracht? mindestens im geheimen, bei dir in gedanken?

«ach, es wäre schön, mit dir in meinem dorf auf der veranda zu sitzen und tee zu trinken».

oder: «ach, es wäre schön, du könntest nach hause zurückkehren. und wir würden zu unserem sommerhaus fahren, auf den berg.»

nie hast du in dieser weise erzählt, von deiner heimat. so daß ich fühlen könnte, ich hätte dort einen platz, neben dir.

und deswegen hast du mich nie gefragt, was heimweh für mich bedeutet.

warum auch? du bist ja erwachsen. familie, sommerhaus, winterhaus, fernsehapparat, dallas, viele kinder. und dann als eine art zierde: ein sohn, der nicht zurückkehren darf. ein verlorener sohn. das verbrannte herz einer schmachtenden mutter. ein literarisches bild. unwahr, verklärt, kitschig.

ich könnte dir viel erzählen vom heimweh, heute noch. sehr konkret.

vom geruch einer bestimmten stunde in einer bestimmten straße in teheran, in einer bestimmten jahreszeit. vom gesang des obstverkäufers, von roten rüben im herbst; von wassermelonen im sommer. vom geruch der gekochten innereien um fünf uhr in der früh, in einem viertel in teheran. von meinem café in teheran, in dem alle kellner aserbajidschaner oder armenier sind; mit ihrem starken akzent. und doch versuchen sie eben mit diesem akzent das wort «café glacé» französischer auszusprechen als jeder kellner in paris.

aber das alles berührt dich nicht. du brauchst sie nicht.

du kehrst ja zurück zu deiner erde.

zwischen uns aber ist keine erde. nur luft. und die war zu dünn, um raum zu bieten für solche kindischen wünsche. sonst hättest du kapiert, daß ich ein dinosaurier geworden bin. nach 35 jahren exil und einer mißglückten heimkehr. ein reptil aus vergangenen lüften. ein reptil, das noch ein langes wachen vor sich hat und nicht einnicken darf – schon gar nicht in toronto, bei dir. hier muß der dinosaurier wach bleiben; während die mutter erzählt und verklärt.

und dann, deutschland.

der anteil der kälte von deutschland um mich. so ist deutschland; es sondert kälte ab.

hast du je eine frage gestellt nach deutschland, meinem deutschland? das hat mich verletzt.

sind die deutschen gut, böse, freundlich, arrogant?

nichts.

du hast nicht einmal gefragt, ob deutschland kalt ist. du als mutter.

dabei fragt mich fast auf jeder lesung immer eine frau, eine deutsche:

«wie können sie es in einem so kalten land aushalten?»

nicht einmal soviel neugierde hattest du übrig, für mein deutschland.

«hast du deutsche freunde? eine deutsche geliebte? wie ist die sprache für dich? fühlst du dich wohl in deutschland?»

nichts davon.

du hast nicht einmal auf die deutschen geschimpft. nicht einmal das hast du getan. das verletzt.

dabei hat jeder rechtschaffene iraner, der gerade ein paar tage in deutschland zu besuch ist, eine sehr dezidierte meinung über deutsche. er kennt das bild des häßlichen deutschen, ohne je einen deutschen gekannt zu haben:

«die deutschen sind fleißig, sauber, brutal, technisch begabt, ehrlich, gefühlsarm, rassisten, nazis.»

um anschließend mich – voller verwunderung – zu fragen:

«wie kannst du in dieser häßlichen sprache schreiben?»

und sie kennen von dieser sprache nur einige fetzen aus billigen amerikanischen filmen:

«achtung! stillgestanden! heil hitler! sauerkraut!»

jahrelang bin ich auf diese frage hin wie ein pawlowscher hund aufgesprungen, habe eine kassette eingelegt, mit der stimme des unvegeßlichen oskar werner, der rilke zitiert, mörike und trakl. um dann kindlich zu triumphieren:

«das ist deutsch!»

bis ich gemerkt habe, daß ich doch der verlierer bleibe.

sie brauchen – wie alle anderen mehrheiten auch –

ihre vorurteile über die anderen, um sich selbst zu zelebrieren. um an sich selbst nichts zu rühren.

doch dazu bin ich zu wenig aus einem guß. zu sehr kompositum.

der pawlowsche hund kennt inzwischen das geheimnis. deutschland ist meine art, einsam zu sein; anders zu sein. deutsch die haut dieser einsamkeit, dieses andersseins.

dabei hätte ich dir gerne erzählt von meinem deutschland. daß deutschland meine art ist, fremd zu sein. eine spröde art, nicht so biegsam. anders als die in teheran, die nur helden sind und auf uns exilierte mit verachtung schauen.

nach 35 jahren ist man eben ein kompositum. und das ist zuweilen gut. daß man nirgends hingehört – eindeutig hingehört. man kann sich nicht fallen lassen. eine unheilbare spätfolge des exils. des deutschen exils? man wird nie mehr feierlich, bleibt hungrig und wach, schläft mit offenen augen und pflegt sein drittes ohr.

aber du fragst nicht nach meinem deutschland.

ob meine arbeit hier eine resonanz findet? ob ich eine deutsche geliebte habe? ob sie mich liebt, lieben kann?

ich hätte dir auf diese fragen gerne geantwortet.

einmal im jahr 1973 – damals war ich 27 jahre alt – verbrachte ich in bruxelles eine schöne nacht mit einer iranerin. im zärtlichsten moment jener nacht nannte ich sie liebling – auf deutsch. sie lachte auf und fragte, ob sie meine erste iranische geliebte sei. in ihrem lachen lag etwas bitteres, beleidigtes. von solchen momenten hätte ich dir gerne mehr erzählt. doch für solche erzählungen – zumindest aus meiner zunge – bist du taub.

du hast nicht nach liebe gefragt und nicht nach arbeit; etwas anderes haben wir ja nicht.

eigentlich hast du mich nie etwas gefragt. abgesehen von belanglosen dingen wie gott, geld und politik.

belanglos, weil du dann immer allgemein bliebst. du hast nicht einmal gefragt, was für einen paß ich habe und welche probleme dieser mit sich bringt. du hast nicht gefragt, wie dein sohn damit fertig wird, daß viele seiner freunde hingerichtet, ermordet wurden. ob ich dadurch nicht einsamer werde, schrulliger, verbitterter oder gar liebloser. vielleicht wird man durch so viel tod nicht weicher, sondern härter – wenn man keine eigene größe besitzt. hat das nicht auch mit einer mutter zu tun?

nichts davon wolltest du wissen. du wolltest überhaupt nichts wissen. nichts hast du gefragt, nichts.

du hast erzählt, über dich, über das, was wir gewesen sind – bis zu meiner geburt.

genauso gut hättest du mich unmittelbar nach der geburt auffressen können – wie die katzen es mit ihren mißgeburten machen. in dich zurückzukehren, in deine höhle, war nie meine sehnsucht gewesen. aufgefressen zu werden, wäre die einzige möglichkeit gewesen, um wieder in dir zu sein.

du hast erzählt, in einer einzigen nacht, generalstabsmäßig und en detail; vor allem en detail.

du hast erzählt von dir. und nichts gefragt von mir.

damals in toronto war ich dankbar für deine erzählung. dankbar. oft ein anderes wort für reife oder feigheit? dankbar dafür, daß du keine fragen gestellt hast – da ich keine antworten hatte, wie so oft in meinem leben.

zum beispiel nach deinen briefen. ich konnte dir nicht ins gesicht sagen, daß ich sie zerrissen habe, alle – ungelesen.

ich habe sie alle zerrissen, in meiner pubertären wut.

die letzten kamen sogar in deutschland an. ich war 17. endlich weg von der großmutter und dem vater. endlich weg, woanders – in europa.

inmitten der studentenrevolte. sie tröstete mich mit ihrer grenzenlosen brüderlichkeit. sie verstärkte meinen zorn auf alles verräterische, väterliche. auch auf dich. du hattest mich verlassen, verraten. so zumindest wurde es mir erzählt.

ich mache mir heute vorwürfe, wegen deiner briefe, wegen meiner lügen. später vielleicht, tröstete ich mich. wenn wir vertraut sind, wenn ich dir mehr von meiner kindheit erzählt habe, wirst du auch meine lügen besser verstehen können – und die sache mit den briefen.

aber so weit kamen wir nicht.

damals in toronto war ich dankbar, heute bin ich traurig. also war ich auch damals traurig.

dabei heißt es, einsame kinder entwickeln ungebändigte leidenschaften. aber ist die leidenschaft ein beweis für mut?

die leidenschaftlichen haben immer eine antwort. ich selten, immer weniger. dafür suche ich heute das gespräch mit dir – ohne dich. oder glaubst du, daß es bereits zu spät ist, für uns, für einen dialog?

damals in toronto suchte ich deine erzählung.

ich tat alles, damit du redest. ich sagte doch, daß ich feige war – feige bin. nicht unterbrechen, dachte ich. jede frage kann tödlich sein für den fluß der erzählung. jede frage kann die mutter aus dem rhythmus bringen, verunsichern. laß sie nur erzählen. und du erzähltest. aber es kam zu keinem gespräch.

zwei monologe; sie berührten sich nicht. du entludest deinen zorn auf die anderen, um deine scham zu verbergen. die katharsis fand statt – auf meine kosten, auf unsere kosten. das gewitter war gewaltig, führte aber zu keinem dialog.

du entludest dich und entferntest dich zugleich – in jener nacht. es war unsere nacht.

und doch sind wir keine liebenden geworden.

bestenfalls zwei bekannte; die einander höflich behandeln, um sich nicht näher zu kommen. wozu auch? ich werde nie ein sohn für dich. du nie eine mutter für mich.

dazu bin ich vielleicht zu verwestlicht, zu verdeutscht; zu reflektiert, zu spröde.

dazu bist du zu kleinbürgerlich, zu bieder, zu konform, zu mitheulend, zu sehr auf materielle vorteile aus.

zu sehr aufs überleben aus. du hast das überleben zu gut gelernt. mit oder ohne gott, schah oder chomeini.

wärest du zumindest dogmatisch, leidenschaftlich; hättest du wenigstens deinen glauben feurig verteidigt. aber nein, du bleibst nur eine mütterliche verkörperung jener schieberklasse in teheran, die immer recht hat und devisen. die alles kauft und verkauft. ohne glauben, korrupt, konsumorientiert und ohne charisma.

nein, wir sind keine liebenden geworden.

wir hatten nicht das zeug dazu. wir sind nicht einmal mutter und sohn geworden. nicht einmal gute bekannte. ich bin nun ad acta gelegt. du hast deinen sohn gesehen. ihm sachgerecht rapportiert. nun bist du beruhigt. der fall ist erledigt. das verletzt.

aber auch ich habe dich verletzt.

als ich darauf bestand, daß du nicht zum flughafen kommst, bei meiner ankunft in toronto. ich hatte angst vor unserer begegnung. vor einer auflösung der gefühle. ich war nie besonders mutig. und wenn, nur in der einsamkeit – in geschützter haltung. nicht aber auf einem flughafen. vor den augen der welt, soweit diese welche hat. und dann der intime akt: die begegnung mit einer mutter. nicht aus rücksicht auf deine gefühle – sondern auf meine.

und ich habe dich noch einmal verletzt.

als ich darauf bestand, daß du nicht zum flughafen kommst, beim abschied, in toronto.

aus angst. aus einer anderen angst. nicht vor einer

auflösung der gefühle; die käme jetzt nicht mehr in frage. sondern vor einer entblößung.

abschied von wem? von einer mutter? einer dame, die ich vergeblich versucht habe, zu lieben?

ich wußte nicht, wie meine gefühle sein werden. und mein ungefühl zu dir. mein ungefühl zu uns. unsicher, ob es überhaupt ein uns gibt. auch dabei habe ich dich verletzt, viel härter als bei der ankunft.

und dann der ring.

der schreckliche ring, den du mir mitgebracht hattest. wieder eine konvention zwischen uns. ich betrachtete oft deine hände; sie lagen ruhig auf den stuhllehnen, während du sprachst. du schautest oft auf meine hände, die stets meine rede begleiten.

«mein sohn, du trägst viele ringe. magst du ringe?»

und dann: «ich habe ein geschenk für dich!»

der ring.

die fassung massiv, aus gold. der stein türkis, groß. er ist schäbig und teuer. ein ring, den ein neureicher basarhändler trägt, um zu protzen. viel zu viel gold, ohne stil.

ich stecke ihn in die tasche.

«mutter, erlauben sie?», und ich griff nach deinen händen.

kein widerstand von dir. ich zog den ring von deinem finger.

«das ist ein schöner ring, mutter.»

ein sehr einfacher. der stein, ein blaßgrüner achat, oval.

«gefällt er dir, mein sohn?»

ich zog den ring über meinen finger.

«nimm ihn, mein sohn! er schmückt deine hand.»

natürlich hast du gemerkt, daß dein geschenk mir nicht gefallen hatte. auch wenn ich das nicht geradeheraus gesagt habe. natürlich hast du meine inszenierung um deinen ring durchschaut und mitgemacht. natürlich hast du meine angst gespürt, als ich um deinen ring bat. du hast sie mit grandezza aufgenommen. überhaupt, du konntest mit meiner angst, mit meinen ängsten, viel souveräner umgehen als ich mit deinen.

so viele hohlräume zwischen uns, die wir nicht durchschritten haben.

sicher bleibe ich für dich ein finsterer verschwörer. da du nicht gefragt hast, nach meinem politischen leben, nach meinen aktivitäten und visionen. auch das ein hohlraum. wie die zeit, die uns trennte. die zeit ohne dich.

du hast nicht gefragt, warum ich dich nicht gesucht habe – in all den jahren. nicht einmal, als ich für sieben wochen nach teheran zurückkehrte, nach vierzehn jahren abstinenz.

was in all den jahren für ein prozeß in mir vorgegangen ist? in deine richtung, zu deinem bild hin – abgesondert, eingeschlossen im schweren goldrahmen. hat es einen prozeß gegeben? einen prozeß der milderung meiner gefühle auf dich? einen prozeß der reife?

einen prozeß der annäherung? oder bliebst du nur eine ikone? statisch und fern. nur von einer realen vernunft fabriziert – ohne erinnerungen.

sind wir uns überhaupt nähergekommen in toronto? oder haben wir uns nur abgestoßen, weil wir uns zu ähnlich sind? und zu fern zugleich?

wir waren uns in diesen drei wochen oft sehr nah. und doch ist in mir nie so etwas wie ein schamgefühl aufgekommen. oft waren wir stumm, wie zwei dumpfe, gepeinigte tiere, die nicht zueinander finden – zumindest nicht von selbst.

ich habe gebetet – im flug nach toronto –, daß du so wärest, wie man sein müßte, um mich zu lieben: geduldig, großzügig, gelöst.

aber du warst nur bieder und erkaltet. du hast nie geschrien, nie geflüstert. du sprachst stets monoton. es sei denn, wir waren gerade bei den hyänen. zuweilen wurdest du pathetisch, aber nur aus zweiter hand. wie eine theatralische geste, gut einstudiert. bestimmt für die galerie und für die götter – nicht für meine haut. dagegen war deine atemnot bei meiner ankunft direkt so etwas wie eine liebeserklärung.

nein, du warst kein aufschrei; ein nicken nur, ein erkaltetes. du bist keine liebende. du suchst nichts mehr – du bist abgeschlossen.

jetzt, nach unserer begegnung, um so mehr. ein konstrukt, ohne bindung. ein körper, ohne milch, ohne speichel, ohne menstruation – wie ein trugbild.

du bist eine alte dame, die ich vergebens zu lieben suchte; mit meinen krücken und meinen unfertigen händen. dafür kannst du nichts; doch vielleicht sind mütter für alle krücken verantwortlich.

vielleicht könntest du ein wenig molliger sein, ein wenig weicher in den gesichtszügen, verludert, vergeßlich, ein bißchen verloren. nicht so konzentriert, nicht so streng.

die lippen zu dünn. das fleisch zurückgedrängt. das haar versteckt. die hände: sachlich, zielbewußt. nicht verspielt. sie verbreiten viele grenzen, um dich.

nein, wir haben uns nicht geliebt. wir waren zu sehr darauf bedacht, keinen fehler zu begehen,

keine schwäche zu zeigen. so blieb uns nur die entrüstung.

auch die art deiner entrüstung verletzte mich. du bist auf eine weise von mir entrüstet, die alt, verbraucht, stumpf, bieder und gemein ist. und die ich bis zum überdruß kenne.

du bietest zu wenig fleisch an, reibungsfleisch – für einen sohn. du bietest zu wenig zorn an.

nur verstimmtheit – zu konkret, zu faßbar. du bist überhaupt zu wenig abstrakt.

du läßt zu wenig zu, für einen gemeinsamen spaziergang ins landesinnere – kein zutritt für unbefugte.

ich blieb draußen. ich fand keinen eingang.

ich suchte deine landschaften –

und fand ihre antwortlosigkeit.

nun hilft vielleicht nur die gelassenheit des besiegten. für eine neue liebe – diesmal ohne mutter – und ohne vaterland.

auf daß diese liebe länger dauere.

herbst 2000

Literatur bei C. H. Beck

SAID
Dieses Tier, das es nicht gibt
Ein Bestiarium
1999. 86 Seiten. Klappenbroschur

Seit Franz Bleis «Bestiarium der Literatur» ist diese sehr ausgefallene Zoologie zu einer eigenen literarischen Gattung geworden. SAID läßt das Genre wiederaufleben und hat damit ein witziges, bisweilen fast surrealistisches Panoptikum geschaffen, das mit Spott, Satire und Erotik nicht spart. Mit wenigen, präzise gesetzten Worten gelingt es ihm, seine Figuren – die vom Albatros über die Mukarina bis zur Zikade reichen – treffend und genau zu charakterisieren und vor dem Leser eine skurrile Welt aus Sprache, Liebe und politischem Geschehen auszubreiten: den drei Themen, die SAID wiederholt aufgreift und mit denen er gekonnt zu spielen vermag.

«SAIDs Bestiarium ist eine kleine tierische Sternstunde der Literatur.»
(Die Zeit)

«SAID bereichert die deutsche Literaturlandschaft.»
(Neue Zürcher Zeitung)

Literatur bei C. H. Beck

SAID
Sei Nacht zu mir
Liebesgedichte
1998. 78 Seiten. Klappenbroschur

Iran und Deutschland, Politik und Liebe, Heimat und Fremde sind die thematischen Pole, um die SAIDs Leben und Werk kreist. Der Gedichtzyklus «Sei Nacht zu mir» hat sich ganz dem einen Pol verschrieben, dem der Liebe. In ausdrucksstarken, meist knappen Gedichten und in einer prägnanten Sprache entfaltet SAID die Liebesbeziehung, zwischen dem lyrischen männlichen Ich und seiner Geliebten, eine Beziehung, zu der auch ein namenloser Dritter gehört, der nichts von dieser Liebe weiß und doch hinzutritt. Eine Liebesbeziehung, zwischen deren Beginn und Ende viele Farben und sinnliche Momente liegen, die der Lyriker meisterhaft in einer verdichteten Sprache und in sensiblen Bildern einfängt. Es sind Gedichte, die den Leser durch ihre große Authentizität in ihren Bann ziehen.